Fritz Davids

Über Form und Sprache der Gedichte Thibauts IV. von Champagne

Fritz Davids

Über Form und Sprache der Gedichte Thibauts IV. von Champagne

ISBN/EAN: 9783743642836

Hergestellt in Europa, USA, Kanada, Australien, Japan

Cover: Foto ©Thomas Meinert / pixelio.de

Weitere Bücher finden Sie auf **www.hansebooks.com**

Über

Form und Sprache

der

Gedichte Thibauts IV. von Champagne.

—

Dissertation

zur

Erlangung der Doktorwürde

bei der

philosophischen Fakultät der Universität Leipzig

eingereicht von

Fritz Davids

aus Hamburg.

Braunschweig.

Druck von George Westermann.

1895.

Vita.

Geboren am 2. Januar 1842 zu Kritzow bei Wismar in Mecklenburg als ältester Sohn des Pächters J. F. Davids besuchte ich vom fünfzehnten Lebensjahre an das Gymnasium zu Neu-Brandenburg, bezog im Herbst 1864 mit dem Zeugnis der Reife die Hochschule, studierte in Erlangen und Rostock Theologie, war darauf drei Jahre als Hauslehrer thätig, ging 1870 wieder auf die Hochschule, und zwar nach Berlin, um dort unter Anleitung und Anregung von Tobler, Müllenhof, Steinthal und Herrig neuere Philologie zu studieren. Von 1872—1874 war ich als Lehrer der neueren Sprachen und als Turnlehrer an der Albinusschule zu Lauenburg a. d. E. thätig; seit 1874 bin ich in Hamburg, und zwar war ich bis 1881 an der Dr. Wichard Langeschen Realschule, dann kam ich an die „Höhere Bürgerschule vor dem Holstenthor", wo ich noch jetzt thätig bin. Das Examen p. f. d. habe ich 1875 in Kiel gemacht.

Fritz Davids.

Bevor wir auf die Form und Sprache der Gedichte des bedeutendsten unter den altfranzösischen Liederdichtern eingehen, wird es nötig sein, in kurzen Zügen das, was sich über sein Leben, seine Stellung in der Geschichte und über sein vielbesprochenes Verhältnis zur Königin Blanca, der Mutter des heiligen Ludwig, hat in Erfahrung bringen lassen, zusammenzustellen. Als Quellen sind benutzt worden: Histoire des Comtes de Champagne, Paris 1758, t. II. — Histoire de S. Louis, divisée en XV livres, par Filleau de la Chaize, Paris 1688, t. I u. II. — Histoire de France p. M. l'Abbé de Choisy, t. I. — Joinville, Histoire de St. Louis, suivie du Credo et de la lettre à Louis X, publ. par Natalis de Wailly, Paris 1868. — Phil. Mouskes, Chronique rimée, publ. p. le Baron de Reiffenberg, t. II. — Matthæi Parisii Opera ed. p. Wats, London 1640. — La Ravallière, Poésies du roi de Navarre t. II. — Paulin Paris, Romancero français.

Thibaut IV., Graf von Champagne und von Brie, König von Navarra, war der Sohn jenes Thibaut von Champagne, der zusammen mit dem Grafen Ludwig von Blois und von Chartres auf einem Turnier zur Adventzeit im Jahre 1199 mit einem Kreuz geziert erschien und zum Kreuzzuge aufforderte, zu dessen Anführer er gewählt wurde,[1] durch eine schwere Krankheit jedoch an der Teilnahme verhindert, am 25. Mai 1201[2] in der Blüte seiner Jahre starb. Kurze Zeit nach seinem Tode, im Anfang desselben Jahres, gab seine Gattin, Blanca von Navarra, Tochter Sanchos des Weisen, einem Knaben das

---

[1] Phil. Mouskes II, 20446.
[2] Nach Reiffenberg, Anm. zu Phil. Mouskes II, 20446 am 24. Mai 1200.

Leben. Dies ist unser Thibaut, auch der *Nachgeborene, le Posthume,* genannt.

Aus seiner Jugendzeit ist uns sehr wenig bekannt. Wir wissen nur, dafs seine Mutter im Jahre 1209 im Monat August mit dem König Philipp August von Frankreich einen Vertrag abschlofs, wonach der König den jungen Grafen Thibaut, ihren Sohn, an seinen Hof zu nehmen versprach, wenn sie sich verpflichtete, 15 000 Pariser Pfund in sechs Terminen zu bezahlen.[3] Während seiner Minderjährigkeit führte die willensstarke Mutter die Zügel der Regierung. Um das Jahr 1221 trat der junge Graf selbst die Regierung an, nachdem er sich mit der Schwester des Königs von Schottland verlobt hatte. Ein Jahr darauf aber vermählte er sich mit der Witwe Theobalds, Herzogs von Lothringen, Metz und Habsburg, Gertrude; nach wenigen Wochen jedoch löste er diese Verbindung wieder auf unter dem Vorwande der zu nahen Verwandtschaft und der Unfruchtbarkeit Gertrudens. Darauf verband er sich mit Agnes von Beaujeu, Tochter Guiscards IV. von Montpensier, mit welcher er eine Tochter Blanca hatte, die er 1235 mit dem Erben der Bretagne, Jean de Dreux vermählte.[4] Im Jahre 1230 oder 1231 starb Agnes.[5] Thibaut heiratete in demselben Jahre, nachdem er auf Veranlassung des Königs auf die Hand der schönen Jolanta, Tochter des Grafen der Bretagne Peter Mauclerc hatte verzichten müssen, die Tochter Archambauds VIII. von Bourbon, Margarete, aus welcher Ehe sechs Kinder entsprossen. Thibaut starb zu Pampeluna am 8. oder 10. Juli 1253. Sein Körper wurde beigesetzt in der Kathedrale zu Pampeluna und sein Herz in das Franzi-kanerinnen-kloster zu Provins gebracht, welches er gegründet hatte.[6]

Das geschichtliche Auftreten Thibauts fällt in die Zeit der Kämpfe Ludwigs VIII. mit den Engländern 1224. Er war im Gefolge des Königs auf dessen Zuge gegen die Gascogne und verrichtete an seiner

---

[3] Hist. d. C. de Ch. t. II, p. 4.
[4] Nach Filleau de la Chaize I, p. 167 im Jahre 1236.
[5] Hist. de France par l'abbé De Choisy. Paris 1750, t. I, p. 32 wird 1230 als Todesjahr angegeben, dagegen Hist. de St. Louis p. Filleau de la Chaize I, p. 116 das Jahr 1231. — Joinville (p. Natalis de Wailly p. 29) sagt über das Todesjahr nichts. — La Ravallière (I, p. 46) behauptet, 1231 oder 1232 sei Thibaut noch mit Agnes verheiratet gewesen; dann hatte aber Pierre Mauclerc, Graf v. Bretagne, ihm 1230 (nach De Choisy p. 32) oder 1231 (nach Filleau de la Chaize p. 116) nicht die Hand seiner Tochter Jolante anbieten können.
[6] Hist. des C. de Ch. II, p. 89.

Seite gegen die Engländer bei der Belagerung von La Rochelle die ersten Waffenthaten. Darauf begleitete er ihn auf dem Kreuzzuge gegen die Albigenser und wohnte anfangs der Belagerung von Avignon 1225 bei. Er scheint jedoch dem König nur widerwillig gefolgt zu sein, denn nach Verlauf von vierzehn Tagen verliefs er plötzlich das Heer. Über die Beweggründe zu diesem plötzlichen Aufbruch stehen sich zwei Berichte gegenüber, der des Ph. Mouskes und der des Matthæus Parisius.

Ph. Mouskes erzählt uns, Thibaut habe, da er durch die Bande des Blutes und der Freundschaft mit dem Grafen von Toulouse verbunden gewesen sei, und da er es mit den Grofsen des Südens nicht habe verderben wollen, unter der Hand die Einwohner Avignons begünstigt. Als der König ihm sein verdächtiges Benehmen vorgeworfen habe, sei er davongegangen.[7]

Nach *Matthæus Parisius* waren die Beweggründe ganz anderer Art. Er erzählt,[8] Ludwig habe sich wegen einer unter den Belagerern schrecklich wütenden Pest nach einer nahe gelegenen *Abtei*, genannt Muntpansier, begeben, um dort das Ende der Belagerung abzuwarten. Dorthin sei auch *Heinrich*, Graf von Champagne, gekommen und habe, da er schon während vierzehn Tage der Belagerung beigewohnt, „de consuetudine Gallicana" um die Erlaubnis gebeten, in sein Land zurückkehren zu dürfen. Auf die Weigerung des Königs habe der Graf geantwortet, da seine vierzehn Tage, die er zu leisten habe, abgelaufen seien, so halte er sich nicht länger für verpflichtet zu bleiben. Darüber von Zorn entbrannt habe der König sich heilig verschworen, er würde, wenn er sich so entferne, seinerseits sein Land mit Feuer und Schwert verwüsten. „Tunc Comes," fährt Matthæus fort, „ut fama refert, procuravit Regi venenum propinari, ob amorem Reginæ ejus, quam carnaliter illicite adamavit: unde libidinis impulsu stimulatus, moras ulterius nectere non volebat. Comite igitur taliter recedente infirmabatur Rex usque ad desperationem; et pervagante ad vitalia veneno, perducitur ad extrema. Licet alii asserant, ipsum non veneno, sed morbo dysenterio expirasse."

Zu diesem Bericht ist zu bemerken: Erstlich, dafs er nach dem Geständnis des Autors selbst nicht auf sicheren Quellen beruht, denn

---

[7] Ph. M. II, p. 515, V. 26173—26218.
[8] Matthæi P. Op. p. 334.

er sagt „ut fama refert"; zweitens finden sich einige offenbare Irrtümlichkeiten darin, denn es hat keine Abtei Montpensier, wohl aber ein Schlofs dieses Namens gegeben, und der Graf von Champagne in der Begleitung Ludwigs VIII. hiefs nicht Heinrich, sondern Theobald. Endlich ist zu berücksichtigen, dafs nach dem Urteil neuerer Forscher jener Benediktinermönch Matthæus Parisius überhaupt kein glaubwürdiger Zeuge ist. Wir finden bei Weber, Allg. Weltgesch. II, p. 514 folgende Charakteristik von ihm: „M. P., Benediktinermönch von St. Gallen († um 1259), hatte durch seine nahe Beziehung zu König Heinrich III., zu Hakon von Norwegen und anderen hochgestellten Persönlichkeiten treffliche Nachrichten über die Zeitereignisse und ward mit wichtigen Aktenstücken versehen .... Die Glaubwürdigkeit seines Geschichtswerkes ist neuerdings viel in Zweifel gezogen worden. Pauli fällt in seiner Geschichte von England folgendes Urteil darüber: Unsere Ansicht über diese drei Mönche (das Werk zerfällt nach den neuesten kritischen Forschungen in drei Teile, die von den drei Mönchen Roger von Wendover, M. Paris und Wilh. Rischanger bearbeitet sind, die in Stil und Auffassung einander sehr nahe stehen) ist, dafs sie nur als unlautere Zeugen der Wahrheit betrachtet werden dürfen, denen allerdings eine gewisse feine Bildung und Ausdrucksweise nicht abgeht, die aber mit den Augen ihres alten, in Genufssucht versunkenen Ordens, besonders im Vergleich zu den Cisterciensern, Dominikanern und Franziskanern, die Ereignisse in trübem Licht erblickten und denen es wenig um strenge Wahrheit zu thun war. Ihre Bedeutung dagegen und grofse Anziehungskraft liegt in dem vorherrschenden Sinn für Anekdote, für antiquarische und seltsame Dinge aller Art, beim Matthæus namentlich oft in der unglaublich beschränkten Wut, mit der er sich über Sachen und Persönlichkeiten ausspricht." Nun berichtet uns Ph. Mouskes zwar auch, dafs man wirklich glaubte, der König sei vergiftet worden:

Si quida-on par vérité
C'on l'euist là envenimé;

er fügt aber noch hinzu:

Et les autres barons de l'ost,
Qui mort i estoient si tost.⁹

Damach scheint die Sache einfach so zu liegen, dafs die grofse Sterblichkeit unter den Belagerern einer von den Ketzern ausgegangenen

---

⁹ p. 553, v. 27277 ff.; vgl. p. 619, v. 29190 ff.

Massenvergiftung zugeschrieben wurde, ein Glaube, der bekanntlich
auch sonst vorkommt, und zwar gerade zu Zeiten, wo um des Glaubens
willen gekämpft wird. Wir können unseren Dichter also von jenem
furchtbaren Verbrechen des Giftmordes, begangen an seinem Lehns-
herrn, Wohlthäter und Verwandten, freisprechen: Ludwig starb am
8. November 1226, zwei Monate nach der Eroberung von Avignon,
zu Montpensier, einem Schlosse in der Auvergne, und zwar eines
natürlichen Todes.

Dafs Thibaut sich von dem Verbrechen des Giftmordes frei wufste,
scheint auch daraus hervorzugehen, dafs er entschlossen war, der schon
vierzehn Tage nach dem Tode des Königs zu Reims stattfindenden
Krönung des jungen Ludwig beizuwohnen. Sein angeblicher Verrat
vor Avignon hatte aber bei hoch und niedrig so böses Blut gemacht,
dafs es gefährlich für ihn war, dorthin zu gehen, wie sich dies deutlich
in der schmachvollen Vertreibung seiner vorausgeschickten Quartier-
macher zeigte.[10] So blieb denn Thibaut der Krönung grollend fern
und schlofs sich den Feinden der Krone an, von denen ein so mächtiger
Bundesgenosse mit Freuden begrüfst wurde. Er erhob nun alsbald
lauten Einspruch gegen die Regentschaft der Königin-Mutter, eine
Regentschaft, die um so befremdlicher erschien, als eine Frau deren
Trägerin war, und um so unwillkommener, als diese Frau sich durch
besondere Klugheit und Willenskraft auszeichnete, wodurch die Aus-
sichten der Grofsen, ihre unter Ludwig Philipp verlorene Unabhängig-
keit wiederzugewinnen, immer mehr schwanden. Rasch entschlossen
fiel die Königin denn auch in das Gebiet des Grafen von Champagne
ein und brachte ihn zum Gehorsam zurück. Er erlangte Verzeihung,
bewirkte sogar den Frieden zwischen den streitenden Parteien und widmete sich der königlichen Sache mit einem solchen Eifer, dafs er nicht
anstand, die geheimsten Pläne der verbündeten Grofsen zu enthüllen.
Ein Versuch derselben, ihn wieder auf ihre Seite zu bringen, indem
der Graf von Bretagne, Pierre Mauclerc, ihm die Hand seiner schönen
Tochter Jolanta anbieten liefs, wurde trotz der Geneigtheit des ehr-
geizigen und wankelmütigen Thibaut dadurch vereitelt, dafs der junge
König seine Einwilligung verweigerte.[11] Jetzt aber liefsen die durch
den Gesinnungswechsel und Abfall des Grafen von Champagne auf-

---

[10] Mouskes p. 553, v. 27277 ff.
[11] Joinville, Hist. de St. Louis p. 29: „car le comte de Bretaigne ot
pis fait au roi que nul home qui vive."

gebrachten Barone diesen ihre Rache fühlen in Wort und That. Der Anführer der Liga, Philipp von Boulogne, erliefs eine Kundgebung, worin Thibaut der Vergiftung Ludwigs VIII. und des Verrats bei der Belagerung von Avignon beschuldigt wurde [12] und ihm sogar vertrauliche Beziehungen zur Königin Blanca schuldgegeben wurden. Dafür nun sollte er bestraft werden. Alsdann forderte man die Königin von Cypern, Alix, auf, als Tochter Heinrichs II., Titularkönigs von Jerusalem, der bei seinem Aufbruch zum Kreuzzug die Champagne und Brie an seinen Bruder, Thibauts Vater, abgetreten hatte, ihre Ansprüche auf diese Grafschaften wiederum geltend zu machen, wie es schon früher während der Minderjährigkeit Thibauts geschehen war. Sie zögerte auch nicht, dieser Aufforderung nachzukommen, und alsbald fiel man in diese Grafschaften ein unter dem Vorwande, Alix zu ihrem Rechte zu verhelfen. Nach einer barbarischen Verwüstung dieser Landschaften mufste man, durch die thatkräftige Einmischung des Königs gezwungen, sich zurückziehen. Alix verzichtete später (1231) auf ihre Ansprüche gegen eine vom Könige gezahlte Entschädigungssumme, für deren Zahlung Thibaut die Grafschaften Blois, Chartres, Sancerre und die Vicegrafschaft Chateaudun abtreten mufste. [13]

Im Jahre 1234 (nach Phil. Mouskes 1235) wurde Thibaut durch den Tod seines Oheims mütterlicher Seite, Sanchos des Starken, König von Navarra. Aber er sollte sich von Anfang an keines ruhigen Besitzes der königlichen Krone erfreuen. Sancho hatte zwar anfangs das Königreich für ihn bestimmt, hatte aber, bewogen durch das ängstliche Bemühen seines Neffen, sich die Erbschaft zu sichern, kurze Zeit darauf seinen Entschlufs zu gunsten des jungen Königs von Aragonien geändert und mit diesem einen höchst sonderbaren Vertrag gegenseitiger Adoption geschlossen. [14] Der König von Aragonien verfehlte nicht, seine Rechte geltend zu machen, aber seine Bemühungen wurden bald gehemmt durch die Entscheidung des Papstes Gregor IX., welcher in diesen Streitigkeiten zu seinem Verdrufs eine fortwährende Verzögerung des gelobten Kreuzzuges erblickte. Thibaut wurde denn auch

---

[12] Phil. M. p. 576, v. 27953.
[13] Hist. des Comtes de Ch. II, p. 59 ff. — Ph. Mouskes p. 582.
[14] H. des C. de Ch. II, p. 60: „Sanche fit venir à Tudele le jeune roi d'Aragon qui avait déjà un fils, et par un traité aussi ridicule que contraire aux Loix Divines et humaines, ils s'adoptèrent mutuellement et se constituèrent héritiers l'un de l'autre." — Zu vergl. Hist. de St. Louis p. Filleau de la Chaize p. 141.

allgemein von seinen neuen Unterthanen als König begrüfst und widmete sich mit Ernst den königlichen Pflichten. Vor allem liefs er sich die Bebauung des Bodens in seinem Königreiche, welches noch zu einem grofsen Teile unbebaut war, angelegen sein; dann strebte er danach, die dem Könige verpfändeten Länder wiederzuerlangen. Da der König sich auf nichts einlassen wollte, so suchte Thibaut wieder die Annäherung an die Reichsfeinde und bot nun seinerseits dem Erben der Bretagne, Johann de Dreux, die Hand seiner einzigen Tochter Blanca an (1236),[15] obgleich er sie schon dem jungen Alphonse, Sohne Ferdinands von Castilien, zugesagt und aufserdem versprochen hatte, seine Tochter ohne die Einwilligung des Königs keinem Baron zu verheiraten. Diese doppelte Wortbrüchigkeit erregte natürlich den gröfsten Unwillen des Königs und besonders auch seines Bruders, des Grafen Robert von Artois. Ludwig forderte jetzt die vollständige Auslieferung der verpfändeten Länder, brach in die Champagne ein trotz des päpstlichen Einspruchs, und Thibaut mufste durch erneuten feierlichen Verzicht auf seine vier Grafschaften und durch Auslieferung dreier Plätze den Frieden erkaufen und noch versprechen, seinen Kreuzzug zu unternehmen und sieben Jahre aufserhalb der Champagne zuzubringen. Aufserdem aber trug ihm seine Wortbrüchigkeit von seiten der Königin Blanca bittere Vorwürfe und von seiten des Grafen von Artois unerhörte Beschimpfungen ein,[16] welche allerdings von der Erbitterung zeugen, die gegen Thibaut herrschte. Doch wurde er durch die Vermittelung der Königin-Mutter bald wieder in Gnaden aufgenommen. Er entschlofs sich darauf 1236, seinen Kreuzzug zu unternehmen, verliefs sein Land aber nicht, ohne einem höchst beklagenswerten und schmachvollen Schauspiele, welches zu verhindern in seiner Macht stand, beigewohnt zu haben. Nämlich am 3. Mai des Jahres 1238 wurden auf dem Mont-Aimé nahe bei Vertu in der Champagne 187 Albigenser verbrannt, und der König von Navarra „n'i mit deffense ne

---

[15] Phil. Mouskes p. 616, v. 29122 ff. — Hist. de France t. I, p. 51 ff. Hist. de St. Louis p. de la Chaize t. I, p. 167 ff.

[16] Nach Phil. Mouskes 29160 ff. liefs der Graf von Artois ihn mit Lumpen bewerfen und seinem Pferde den Schwanz abschneiden. Ein anderer Chronist (vielleicht Chronique de Reims nach P. Paris, Rom. fr. p. 148) erzählt, Robert v. Artois habe ihm beim Eintritt in den Saal einen alten Käse ins Gesicht werfen lassen. — Die Übelthäter sollten zwar gehangt werden, doch geschah es nicht, weil der Graf von Artois sich als der Urheber bekannte.

bare", sagt Phil. Mouskes.[17] Im Monat August 1239 endlich schiffte sich Thibaut an der Spitze eines Teiles derer, die sonst noch 1236 das Kreuz genommen hatten, in Marseille ein und landete in Ptolemais. Anfangs von Erfolg begleitet, scheiterte der Zug an der Zuchtlosigkeit, Zwietracht und Habsucht der Kreuzfahrer. Thibaut kehrte 1240 zurück und bemühte sich von jetzt an, seine Länder friedlich, gerecht und milde zu regieren bis an sein Ende 1253.[18]

Aus der bisherigen geschichtlichen Darstellung werden wir uns mit Leichtigkeit ein Bild von dem Charakter unseres Dichters machen können. Von vornherein, schon bei seiner ersten Verlobung und dann in seinen verschiedenen Heiraten, am meisten aber in seinem Benehmen gegen den König und die Vasallen, tritt uns eine grofse Wankelmütigkeit entgegen. Er, der mächtigste unter den Feudalherren der Krone, sowohl seiner Abstammung nach als auch durch seine verwandtschaftlichen Beziehungen zu allen grofsen regierenden Häusern und durch die Ausdehnung seiner Besitzungen, schien wie kein anderer dazu berufen, eine grofse Rolle zu spielen. Aber sein unbeständiger und schwankender Sinn mufste diese grofsen Erwartungen zunichte machen. Zwar wird uns berichtet, dafs er hin und wieder als ein Mann betrachtet wurde, mit dem man rechnen mufste. So wird er in der Angelegenheit eines flandrischen Barons Jean de Cisoing als Schiedsrichter ernannt;[19] bei den Friedensverhandlungen mit Raimund von Toulouse 1229 zu Meaux und zu Paris war er ebenfalls Schiedsrichter;[20] doch was ist dies gegen die schmachvollen Erniedrigungen und Verleumdungen, die ihm lediglich sein zweideutiges Benehmen einbrachte. Der König von Navarra war nicht allein ein „Bastard", sondern auch ein „Feigling", ein „Verräter", ein „Meuchelmörder", ein „ehrloser Ritter".[21] Er giebt in beredten Worten seinen Abscheu gegen den Albigenserzug kund,[22] und doch duldet er es, dafs eine grofse Anzahl jener armen Ketzer auf seinem Gebiete den Feuertod erleiden, nur um sich den Anschein eines eifrigen und getreuen Knechtes der Kirche zu geben!

---

[17] p. 666, 30 532.
[18] Hist. des C. de Champ. II, 89.
[19] Ph M. p. 657, v. 30 280.
[20] Hist. de St. Louis p. Filleau de la Ch. t. I. p. 75 u. 80. — Hist. de France t. I, p. 28.
[21] Vgl. das zweite Spottlied von Hues la Ferté bei P. Paris, Rom fr. p. 186.
[22] Chanson 65.

Trotz alledem wird Thibaut ein „guter und tapferer Ritter" genannt,[23] ein „guter König",[24] auch hat man ihm den Beinamen des „Guten" beigelegt, ob aber alles mit Recht, ist fraglich. Der anonyme Verfasser der Geschichte der Grafen von Champagne weifs zwar mancherlei von der Grofsmut und Frömmigkeit Thibauts zu berichten und zählt eine Menge frommer Werke desselben auf; andererseits aber berichtet er auch von willkürlicher Beschlagnahme von Kirchengütern und Verletzungen kirchlicher Rechte und Freiheiten, welchen Widerspruch er allerdings durch die Bemerkung zu erklären sucht, dafs man die Frömmigkeit der Grofsen nicht immer begreifen könne.[25]

Die Ursache dieses dem Thibaut mit Recht vorgeworfenen Wankelmutes ist wohl hauptsächlich darin zu suchen, dafs er durch den frühzeitigen Tod seines Vaters des väterlichen Ansehens entbehren mufste. Um so schroffer noch mufste diese charakterlose Unbeständigkeit hervortreten, als sich Thibaut durch eine thörichte Leidenschaft zu der Königin Blanca, Mutter des heil. Ludwig, verblenden liefs. Zwar hat La Ravallière zu beweisen versucht, dafs Thibaut seine Lieder nicht an Blanca gerichtet habe, was daraus hervorgehen soll, dafs der Dichter ihrer in keinem derselben erwähnt. Doch mufs man den Beweis als mifslungen ansehen, wenn man die allgemein bekannte Thatsache beachtet, dafs die Dichter jener Zeit ihre Angebetete nie mit deren wirklichem Namen bezeichneten. Wir finden deshalb ebensowohl bei den nordfranzösischen Liederdichtern als bei den südfranzösischen Troubadours und unseren Minnesängern als Bezeichnung für die besungene Frau nur Ausdrücke der Verehrung und der Liebe, wie „Dame, Douce Dame, Belle u. s. w.; Donna, Bella Donna u. s. w.; Frouwe, Herze liep, Süeze, Schœne, Reine u. s. w." Aus diesen allgemeinen Benennungen läfst sich nichts beweisen; man wird sich also lediglich auf die Zeugnisse der Geschichtschreiber und der zeitgenössischen Dichter verlassen müssen, als da sind Phil. Mouskes, die Chroniken von St. Denis, die Chronik von St. Magliore und von Reims, auf Huc la Ferté u. a., die alle darin übereinstimmen, dafs Thibaut wirklich in die Königin Blanca verliebt gewesen ist und dafs sie es ist, an die er die meisten seiner Lieder richtet.[26]

[23] Brantôme, Discours 2º „Dames galantes", œuvres ed. de Foucault VII, 229.
[24] Chanson 53.
[25] p. 58 ff.; vgl. Hist. de St. Louis t. II, p. 172.
[26] Vgl. das Genauere hierüber bei P. Paris, Rom. fr. p. 157—181.

14 Form und Sprache der Gedichte Thibauts IV. von Champagne.

Mag diese Liebe auch noch so thöricht sein, so ist sie doch die Quelle seines Ruhmes geworden, denn wir verdanken ihr die schönsten Lieder, welche die altfranzösische Lyrik hervorgebracht hat, Lieder, die nicht allein in des Dichters Heimat von Mund zu Mund gingen, sondern auch weit über die Grenzen seines Vaterlandes hinaus bekannt und beliebt waren. Dante (De vulgari eloquentia l. 2, c. 5) lobt die Lieblichkeit und Harmonie der Verse Thibauts; der Minnesänger Wachsmuth von Mühlhausen (v. d. Hagen, Minnes. 1, 327, II, 2. Strophe) singt: Waere ich künic in Schampenge, Só waere ich witenân erkannt; unser Herder hat den Stoff zu dem Liede „Ach könnt ich, könnte vergessen Sie" (Volksl. II, p. 40) von Thibaut entlehnt (vgl. Chans. 20, Str. 2).

Die erste Ausgabe der Lieder Thibauts wurde 1742 von dem Bischof La Ravallière veröffentlicht unter dem Titel: *Les Poésies du Roy de Navarre, avec des notes et un glossaire François; précédées de l'histoire des révolutions de la langue Françoise depuis Charlemagne, jusqu'à St. Louis; d'un discours sur l'ancienneté des Chansons Françoises et de quelques autres pièces t. Ier et t. 2^d.*

La Ravallière hat die Handschriften N. 7222 und 7613 der Nationalbibliothek benutzt, ferner die Handschriften der Herzöge und Marschälle von Frankreich und von Noailles (jetzt der Nationalbibl. gehörend) und von Estrées, der Herren von Clairambant und Guion de Sardière. Die aus diesen Handschriften gezogenen Lieder sind in Rom mit den Handschriften N. 1490 und 1522 der Königin von Schweden in der Bibliothek des Vatikan verglichen worden (s. Vorrede p. XIV).

Aufser dieser Ausgabe giebt es noch eine von *P. Tarbé*, Reims 1851, die leider nicht zu bekommen war.

Oft findet man noch eine dritte Ausgabe angeführt von *Roquefort* und *Fr. Michel*, Paris 1829, welche aber merkwürdigerweise gar nicht erschienen ist, obgleich sie wiederholt angekündigt worden ist.[27]

Endlich finden sich zwölf dem Thibaut zugeschriebene Lieder in der *Berner Liederhandschrift* (Nr. 389 der Berner Stadtbibliothek), veröffentlicht von *Dr. Jul. Brakelmann* in Herrigs Archiv Bd. 41, 42, 43.

Die Sammlung von La Ravallière, die wir benutzt haben, enthält 66 Lieder, nach ihrem Inhalt geordnet:

---

[27] Vgl. Ferd. Wolf in den „Altdeutschen Blättern" von Mor. Haupt und Heinr. Hoffmann t. 6. — P. Paris, Rom. fr. p. 198, Anm.

1) 38 Liebeslieder, Nr. 1—38.
2) 3 Schäfergedichte, Nr. 39—41.
3) 12 geteilte Spiele, Nr. 42—53.
4) 6 Kreuzeslieder, Nr. 54—59.
5) 7 fromme Lieder, Nr. 60—66.

Der Inhalt der *Liebeslieder* ist natürlich der Liebe Leid und Lust. Dieses Thema wiederholt sich in der gröfsten Mannigfaltigkeit bis zum Überdrufs, aber immer in wunderbar glatter und vollendeter Form. Dieses anmutige, leichte Gewand macht gerade den Wert der Lieder Thibauts aus, aber man darf nicht viele hintereinander lesen, wenn man einen guten Eindruck davon zurückbehalten will.

Die *Schäferlieder*, deren Inhalt ein Abenteuer eines Ritters mit einer Schäferin bildet, beginnen fast immer mit „L'autre ier", zeichnen sich durch Lebendigkeit, Natürlichkeit und Feinheit im Dialog aus und enthalten manche Anklänge an das Volkslied, sind bisweilen aber höchst anstöfsig und schlüpfrig, wie es die damalige Zeit so mit sich brachte.

Die *geteilten Spiele*, Streitlieder, in denen das „Für und Wider" eines galanten Problems behandelt wird, enthalten viele geistreiche Einfälle und witzige à-propos, wie sie den Franzosen überhaupt eigentümlich sind. Doch auch hier sind die meisten aufgeworfenen Fragen derartig, dafs sie sich schwerlich mit dem vertragen würden, was wir sittsam und anständig nennen.

Die *Kreuzeslieder*, worin zum Kreuzzug aufgefordert wird, sowie die *Lieder frommen Inhalts*, sind bei weitem das Beste, was unser Dichter geliefert hat, denn hier ist auch der Inhalt ein warm gefühlter, inniger und wahrhaft dichterischer.

I. Form.

1. Strophe (couplet).

Die Lieder Thibauts haben die den Liedern aller Zeiten eigentümliche *Strophenform*. Die meisten bestehen aus 5 Strophen, mit Ausnahme der *geteilten Spiele* (42—43), welche deren 6, des ersten und des achtundvierzigsten Liedes, welche 4 haben. Die Strophen sind entweder *metabolisch* oder *isometrisch*.[28]

---

[28] B. ten Brink nach Quicherat, Traité de versif., Paris 1850, p. 218.

Die *metabolische*, aus ungleichen Versen bestehende Strophe findet sich in 21 Liedern, nämlich in Nr. 1, 2, 3, 8, 9, 15, 19, 23, 24, 25, 30, 37, 39, 41, 43, 46, 47, 48, 51, 63, 64.

Die *isometrische*, aus gleichen Versen bestehende Strophe kommt häufiger bei unserem Dichter vor.

Jedes Lied endigt außerdem, mit Ausnahme von 7 (39, 41, 49, 54, 56, 57, 59), mit einem *Geleit*, welches entweder aus einem oder aus zwei oder aus drei Teilen besteht mit je drei oder vier Versen, bisweilen mit zwei (7, 24, 51, 9, 35) oder fünf (1, 2, 3), sehr selten mit zehn Versen, welche immer wie die letzte Strophe reimen. Es ist an irgend eine bedeutende Persönlichkeit gerichtet oder an die Person, für welche das Lied gemacht ist.

Die Zahl der Verse, aus denen eine Strophe besteht, wechselt zwischen 6 und 14. Es giebt:

1) *Strophen von 8 Versen* in 24 Liedern: Nr. 4, 6, 7, 10, 14, 17, 20, 21, 23, 29, 32, 36, 37, 38, 41, 43, 44, 45, 50, 56, 57, 60, 62, 63.

2) *Strophen von 7 Versen* in 14 Liedern: Nr. 5, 11, 12, 13, 15, 16, 18, 19, 22, 24, 25, 27, 54, 58.

3) *Strophen von 9 Versen* in 12 Liedern: Nr. 2, 26, 28, 31, 34, 46, 51, 52, 53, 55, 59, 61.

4) *Strophen von 10 Versen* in 6 Liedern: Nr. 3, 8, 30, 40, 47, 65.

5) *Strophen von 11 Versen* in 3 Liedern: Nr. 1, 49, 66.

6) *Strophen von 6 Versen* in 2 Liedern: Nr. 9, 35.

7) *Strophen von 12 Versen* in 1 Liede: Nr. 39.

8) *Strophen von 14 Versen* in 1 Liede: Nr. 48.

2. Vers.

a) *Silbenzahl.*

Nach der Zahl der Silben wendet unser Dichter vorzugsweise folgende Verse an:

1) *Den zehnsilbigen Vers* in 29 Liedern: Nr. 4, 6, 7, 10, 11, 14, 16, 17, 18, 21, 27, 28, 29, 32, 33, 36, 42, 44, 52, 53, 54, 56, 57, 58, 59, 60, 61, 62, 65.

2) *Den siebensilbigen Vers* in 11 Liedern: Nr. 12, 13, 20, 22, 26, 34, 35, 38, 40, 50, 55.

3) *Den achtsilbigen* in 5 Liedern: Nr. 5, 31, 45, 49, 66.

In den übrigen 21 Stücken ist der Gebrauch der zehn- und siebensilbigen Verse vorherrschend. Zu der ersteren Art gehören folgende Lieder:

Nr. 2, wo in jeder Strophe 6 zehnsilbige Verse mit 1 viersilbigen und 2 achtsilbigen verbunden sind.

Nr. 3, wo in 3 Strophen 8 zehnsilbige Verse mit 1 achtsilbigen und 1 sechssilbigen verbunden sind, die 2 anderen Strophen aus 10 zehnsilbigen Versen bestehen.

Nr. 24, wo jede Strophe aus 5 zehnsilbigen Versen verbunden mit 2 siebensilbigen besteht.

Nr. 30, wo jede Strophe 6 zehnsilbige Verse mit 4 siebensilbigen enthält.

Nr. 37, in jeder Strophe zuerst 2 zehnsilbige, jeder mit 1 viersilbigen, dann 4 siebensilbige Verse.

Nr. 41, in jeder Strophe 2 zehnsilbige mit 6 sechssilbigen Versen.

Nr. 46, in jeder Strophe 5 zehnsilbige mit 1 siebensilbigen Vers.

Nr. 48, in jeder Strophe 7 zehnsilbige mit 1 dreisilbigen und 2 viersilbigen, dann mit 1 zehnsilbigen, endlich mit 3 siebensilbigen Versen.

Zu der zweiten Art gehören folgende 11 Lieder:

Nr. 1, in jeder Strophe 4 siebensilbige mit 3 zehnsilbigen, 1 siebensilbigen, 2 zehnsilbigen und 1 siebensilbigen Verse.

Nr. 8, in jeder Strophe 6 siebensilbige mit 4 zehnsilbigen Versen.

Nr. 9, in jeder Strophe 2 siebensilbige mit je 1 dreisilbigen und 2 siebensilbigen Versen.

Nr. 15, in jeder Strophe 4 siebensilbige mit 3 zehnsilbigen Versen.

Nr. 19, in jeder Strophe 4 siebensilbige mit 3 dreisilbigen Versen, aufserdem ein Refrain.

Nr. 23, in jeder Strophe 4 fünfsilbige mit 4 siebensilbigen Versen.

Nr. 25, in jeder Strophe 2 siebensilbige mit je 1 fünfsilbigen und 2 siebensilbigen Versen.

Nr. 39, in jeder Strophe dreimal je 1 siebensilbiger und 1 viersilbiger Vers.

Nr. 43, eine Nachahmung des Anakreon, in jeder Strophe 2 siebensilbige Verse mit je 1 sechssilbigen, zuletzt 4 siebensilbigen Versen.

Nr. 47, in jeder Strophe 7 siebensilbige mit 1 viersilbigen und schliefslich 2 siebensilbigen Versen.

Nr. 57, in jeder Strophe 6 siebensilbige mit 1 dreisilbigen, 1 fünf- und 1 siebensilbigen Vers.

Nr. 64, von dem Dichter selbst als Leich bezeichnet („Comencerai à faire un lai"), beginnt mit 3 achtsilbigen Versen, dann folgen zweimal je 7 siebensilbige mit 1 viersilbigen, 3 zweisilbige und 4 siebensilbige mit je 1 viersilbigen und zum Schlufs 2 viersilbigen Versen.

Nr. 63 besteht aus Strophen, wovon jede 4 achtsilbige mit 4 siebensilbigen Versen enthält.

Fassen wir in kurzen Worten das Ergebnis unserer Untersuchung zusammen, so dürfen wir sagen, dafs die Lieder Thibauts äufserlich eine unbestreitbare Ähnlichkeit mit den Liedern der Troubadours haben, wenigstens was die *isometrische Strophe* anbetrifft, und dafs unser Dichter diese Strophe vorzugsweise anwendet.

Die Strophenzahl der Lieder ist mit wenigen Ausnahmen ebenfalls dieselbe, welche wir bei den Troubadours finden, nämlich fünf.

Ferner endigt, ebenso wie bei den Provençalen, jedes Lied mit einem Geleit von verschiedener Form, gewöhnlich aus 3 oder 4 Versen bestehend, bisweilen einmal, sehr selten zweimal wiederholt.

Unter den 8 Arten der von unserem Dichter angewendeten Strophen finden sich die aus 8 Versen bestehenden am häufigsten.

Von den 3 Hauptversarten, den *zehnsilbigen, siebensilbigen* und *achtsilbigen*, ist der *Zehnsilbler* der Lieblingsvers unseres Dichters, jener alte epische Vers, der in allen „chansons de geste" angewandt wird. Nicht allein dafs 29 Lieder nur aus Zehnsilblern bestehen, sondern dieser Vers bildet auch die Grundlage in 8 aus metabolischen Strophen zusammengesetzten Liedern.

b) Cäsur.

In Bezug auf die *Cäsur*, die in betreff der lyrischen Dichtkunst kaum anders als in dem zehnsilbigen Verse in Betracht kommt, ist Folgendes zu bemerken:

Die Cäsur, welche Thibaut anwendet, ist die *gewöhnliche*, d. h. die *männliche nach betonter vierter Silbe*.

Weibliche Cäsuren kommen verhältnismäfsig selten vor, und unter den vorkommenden ist die *lyrische*, d. h. *weibliche bei betonter dritter Silbe* am meisten begünstigt. Wir finden sie, wenn wir mit A. Rochat[29] die Zehnsilbler, wo die tonlose Silbe eine Enklitika ist, hinzurechnen, in 180 Versen.

Die epische Cäsur, d. h. weibliche bei betonter vierter Silbe kommt

---

[29] A. Rochat, Jahrb. für rom. und englische Litteratur von Dr. Ludw. Lemcke, Bd. XI, p. 75, Anm. 2.

41 mal vor, und zwar 29 mal, wo die tonlose Silbe elidiert wird, und 12 mal, wo sie nicht elidiert wird.

Eine dritte Art von weiblicher Cäsur findet sich in 4 Versen einer Pastourelle, nämlich nach *betonter fünfter Silbe* (Nr. 41).[30] Die Verse lauten:

En mai la rousée | que n'est la flor. Str. 1.
Quant vi que priere | ne m'i vaut noiant. Str. 4.
Couchai à la terre | tout maintenant. Str. 4.
Quant de la Pastore | ai fet mon talent. Str. 5.

In demselben Gedicht finden sich auch 3 Verse mit *männlicher Cäsur nach betonter fünfter Silbe*,[31] nämlich:

Ele a les eus vairs, | la bouche riant. Str. 2.
Ele me respont, | Sire Champenois. Str. 3.
Sus mon palefroi | montai maintenant. Str. 5.

Verse mit dieser Cäsur sind in der lyrischen Dichtkunst selten. Sie finden sich nur in volkstümlichen und komischen Stücken.[32] Auch in unserer Sammlung ist das eben erwähnte Gedicht Nr. 41 das einzige, welches solche Verse enthält. Da nun dieses Stück in der benutzten Handschrift anonym ist — La Ravallière schreibt es deshalb dem Thibaut zu, weil die Hirtin den ihre Liebe Verlangenden mit „Sire Champenois" anredet —, es aufserdem aber noch auffallende, bei Thibaut in dem Mafse nicht vorkommende Nachlässigkeiten enthält (die korrespondierenden Verse in den fünf Strophen haben oft verschiedene Silbenzahl, die Reime sind teils schlecht, wie naistre : destre, teils durch Assonanzen ersetzt, wie arboie : s'envoissent; chainse : blanche; destre : Damoiselle), es sich endlich auch in betreff der Teilbarkeit nirgends unterbringen läfst, so werden wir kaum fehlgehen, wenn wir dieses Gedicht als nicht von Thibaut herrührend bezeichnen. Berücksichtigen wir nun noch, dafs die Dichter, um den für den Vers notwendigen Rhythmus zu erreichen, selbst eng verbundene Satzteile, z. B. das Hauptwort von seiner Beifügung, das Zeitwort von seiner Ergänzung, das besitzanzeigende Fürwort von dem Hauptwort, das

---

[30] A. Tobler, Vom franz. Versbau alter und neuer Zeit p. 75 ff. — A. Rochat, Jahrb. f. rom. u. engl. Litt. XI, 86.
[31] Vgl. Bartsch, Zeitschr. f. rom. Phil. III, p. 370 ff. — A. Rochat p. 85 ff. nennt diesen Vers „tarantantara".
[32] Beispiele siehe bei Rochat p. 81; bei Quicherat, Traité de versif. p. 178, Anm.; bei Gröber, Rom. u. Past. I, 33; Berner Liederhandschr. Nr. 158; Romania III, 103: „Le Savetier Baillet." Von neueren Dichtern Béranger in „Les Révérends Pères", in „La Messe du S. Esprit", in „Le Tournebroche".

Hilfszeitwort von dem Particip durch die Cäsur trennten,[33] so dürfen wir annehmen, dafs Thibaut keine anderen Cäsuren angewandt hat als 1) *die gewöhnliche männliche nach betonter vierter Silbe;* 2) *die lyrische*, d. h. *weibliche bei betonter dritter Silbe;* 3) *die epische*, d. h. *weibliche bei betonter vierter Silbe*.. Diejenigen Verse, welche sich dieser Aufstellung nicht fügen, sind wir entweder als fehlerhaft oder als der Cäsur überhaupt ermangelnd anzusehen berechtigt.

Als *fehlerhaft* sind uns bei der Silbenzählung folgende Verse aufgestofsen:

3, Str. 1, v. 8: En votre beaute Dame que merci proi
[En vos beautes | Dame ...... La Rav.]
10, Str. 5, v. 1: Se Madame | ne prent [encor] convoi de moi.
10, Str. 3, v. 1: Mais cil qui sert | et qui merci [i] a tent.
10, Str. 5, v. 6: J'entendrai touz jors à son servise.
Je entendrai [t. j. ....].
17, v. 2: Fors que por defaute sans plus de rimoier
Ke per defaute [sens plus de r. — Berner Liederhandschr. Nr. 389 in Herrigs Archiv XLII, 302].
17, v. 8: Par d'un bon confort, quant il en puet mangier.
[dun boen confort .... — ebendaselbst].
22, Str. 1, v. 1: De tous mauz n'est nus [plus] plaisans
Fors solement cil d'amer (sollte 7 Silben haben).
24, v. 9: Miex que nus, fors li ne porroit amender
(vielleicht: Nus miex que li | ni porroit amender).
24, v. 17: Mais el ne veut, | [pas] dont j'ai le cuer dolant.
25, Str. 1, v. 5: C'est la dolors d'amors (sollte, wie die entsprechenden Verse der folgenden Strophen, 5 Silben haben).
25, Str. 2, v. 1: Dolente desperée [desesperée], sollte 7 Silben haben.
32, Str. 3, v. 5: Esbandir fact gagner sovent (fehlen 2 Silben).
32, Str. 5, v. 4: Et m'est [a] vis | qu'entre ses bras me tient.
34, Str. 1 und 2: Sollten je v. 7 u. 8 sieben Silben haben.
36, Str. 1, v. 8: Ke vient estés | [et] ke li dols tans repaire.
37, Str. 1, v. 5: Que qui aim[e] | repente s'en s'il puet.
41, Str. 3, v. 2: Par vostre priere | [ja] ne m'aurois.
42, Str. 4, v. 3: Vous le dites | pour moi amolier (fehlt 1 Silbe):
[uos le dites | por moy amolloier, Herrigs Arch. XLII, 269].
44, Str. 3, v. 5: Puisque celui | eu aurez saisi (fehlen 2 Silben):
[Pues ke celuj | en aueries saixit, Herrigs Arch. XLIII, 311].
45, Str. 4, v. 5 u. 6: Car cortoisie la Dame fait loer
Et beaux acointement (sollten je 8 Silben haben):
[Car cortoisie fait loer
La Dame, et beaux acointement].
46, Str. 3, v. 8: Et sans dout[e] | que granz humilités.
46, Str. 4, v. 7: S'en sa bouce ne la baise (sollten 10 Silben sein).
49, Str. 1, v. 7: Ou parler et v[e]oir tojors.
58, Str. 5, v. 7: Ne m'en quier pour riens, qui me face doloir (sollte 10 Silben haben).
59, Str. 4, v. 7: Car sa beautés et sa tres grande [grant] vaillance.
60, Str. 2, v. 2: Qui ont amé et puis [si] vuelent contendre.

---

[33] A. Tobler p. 73 ff. — A. Rochat I, p. 92.

La Ravallière führt manche Verse, unter anderen auch die, in denen wir weibliche Cäsur bei betonter vierter ohne Elidierung der tonlosen Silbe gefunden haben, als fehlerhaft an. Sie sind es aber in der That nicht. wenn es richtig ist, „dafs in der alten Dichtkunst die Natur eines Verses nicht als verändert erachtet wird, wenn hinter der betonten Silbe, nach welcher die Cäsur eintreten soll, noch eine tonlose steht, während das zweite Versglied doch seine gewohnte Silbenzahl bewahrt."[31] Danach könnte unter Umständen ein Zehnsilbler 11, sogar 12 Silben haben, ohne fehlerhaft zu sein. Derartige Verse sind z. B. bei Thibaut:

  Lors me conforte | voire qui peut tant 10, Str. 1.
  Et pour con ai-je | demoré longuement 14, Str. 1.
  Puisque Madame | m'a envoié saluz 21, Str. 1.
  Por ce ma Dame | de moi m'estuet douter 32, Str. 1.
  Car je qui loie | s'entre vos bras estrois 33, Str. 1.
  Phelipe encore | veura autre saisons 52, envoi.
  Ke il ne die | ce dont au cuer li vient 53, Str. 3.
  Cil qui l'apele | de cuer sans fauseté 62, Str. 5.
  De la bataille | qui fut des deux dragons 65, Str. 4.
  Et qui li poise | quant il fait li vilence 28, Str. 2.
  Ce est a aise | qui bien le scet entendre 36, Str. 3.
  Et m'esmerveille | que la pleye ne saigne 59, Str. 3.
  Ne ès autres | na ne merci ne manaie 61, Str. 2.
  C'onques Dame | ne fut par moi mais amée, 18, Str. 5.
  Ke j'en héé | ceans par cui ele est loée 52, Str. 4 etc.

c) *Elision und Hiatus.*

Die *Unterdrückung* eines *e muet* oder *sourd* findet überall da statt, wo es am *Ende eines mehrsilbigen Wortes mit folgendem Vokal oder h muette zusammentrifft.* Der Hiatus ist in diesem Falle nur in der Cäsur erlaubt und kommt auch hier selten vor. Wir haben ihn in 11 Fällen gefunden in Versen mit lyrischer Cäsur, eingeschlossen 3 Fälle, wo die tonlose Silbe eine *Enklitika* ist:

  La moie joie | est tournée à pesance 3, Str. 4.
  Et la costume | est tex di vrai amans 14, Str. 1.
  Car ki aime | aine diex me fit celui 11, Str. 4.
  Qui bien aime | il ne san puet partir 37, Str. 1.
  Certes, Sire | onques de cuer n'ama 41, Str. 5.
  Ens sa bouce | onques le cuer n'ama 46, Str. 2.
  Que je soie | aussi trestot changier 53, envoi.
  Que m'en parte | et je mout l'en merci 60, Str. 3.
  Et avec ce | ire sovient cheance 27, Str. 5.
  Aussi quis-je | ma mort ou mon torment 29, Str. 4.
  Et qui de ce | à droit jugier voudra 44, Str. 5

---

[1] A Tobler, Vom franz. Versbau p. 69.

Aufser der Cäsur haben wir den Hiatus zwischen dem stummen e und folgendem Vokal nur in 2 siebensilbigen Versen gefunden Nr. 51, Str. 1:

> K'est devenue Amors.
> Porquoi demeure ensi.

In 2 Fällen findet auch die *Elision von oi* statt, nämlich in den beiden Achtsilblern Nr. 66, Str. 3:

> De nature, de quoi Amors vient.
> C'est li fruis en qu*oi* Adams pecha.

Was die *Elision des e sourd der Einsilbler* que (ke), ce, je, ne (= nec), se (= sic oder si) anbetrifft, so ist zu sagen, dafs sie in den meisten Fällen *stattfindet*, auch in der Zusammensetzung *jusque*:[35] *jusqu'au* morir 1, Str. 3; jusk'en 9, Str. 3; *jusqu'ici* 60.

Das e des Umstandswortes ne (= non) findet sich stets elidiert. An den beiden Stellen, wo es nicht unterdrückt ist, nämlich Se la bele *ne* a de moi merci (3, Str. 5) und Ce *ne* est pas (37, Str. 1), ist vielleicht *nen* zu schreiben. [36]

Der *Hiatus bei den Einsilblern* findet ausnahmsweise in folgenden Fällen statt:

1) que (ke): Que il me plaît 21, 4. — Quanque il vos est airs 22, 4. — Plus biaux *que* ors espenois 26, 3. — Que ne li chant riens, que on le die 27, 2. — Puisque il s'est dedans la cour bouter 29, envoi. — Que en la fin fauront li droiturier 33, 4. — Que il l'aura tantost sans delaier 32, 3; — que il li chaille 32, 5. — Ke on 35, 1. — Puisque il 44, 2. — Que il 46, 2. — Que il ataint 46, envoi. — Que il ne puet 49, 2. — Que en tenebres tastoner 49, 6. — Ke il ne die 53, 3. — Ke il sostien 53, 3. — Que ils n'ont sens 54, 5.

2) ce: Pour ce amours 6, 3. — Por ce ai mis 21, 1. — Avec ce ire covient cheance 27, 5. — Tout ce ai 32, 5. — Por ce ai 42, 3. — Voel à ce obéir 58, 5. — Ce est de Clers 65, 2. — Ce est la presiense flor 66, 5.

3) je: Que je en aim 3, 4. — Que je aurai 3, 1. — Se je en un homm doing 8, 4. — Ke je atene 15, envoi. — Que je ai 19, 2. — Que je en Paradis 30, 3. — Quant je oi 39, 1. — Se je en muir 39, 5. — Dont je ai desirier 57, 3. — Ke je en tiegnes 66, 4.

4) ne = nec: Mais qu'il n'en puist partir *ne* esloignier 15, 1. —

---

[35] Vgl. dagegen A. Tobler p. 47.
[36] F. Diez, Gr. III, 138, Anm.

Je n'en ai pas le sans *ne ardement* 17, 4. — Quant je ne puis ne veoir *ne oir* 18, 1. — *Ne aillours* ne m'en veut plaindre 25, 3. — Moi, *ne autrui*, cinq cent merci l'en rens 32, 3. — l'ure *ne Arabi* 34, envoi. — En cest païs, *ne aillors* 51, 1. — Ki n'aiment Dieu, bien, *ne honor, ne pris* 51, 2. — Que l'on ne puet ne venir *ne aler* 60, 5. — *Ne ès autres* n'a ne merci ne manaie 51, 2. — *Ne à nus jor* n'en istra fors 66, 3.

5) se oder si: *Si i* para 7, 4. — *Se ele* 7, 3. — *Se ai je* 8, 1. — *Se il* 9, 1. — *Si ai* 9, 2. — *Si* amoureusement 16, 3. — *Se il* 17, 2; 20, 5; 18, 5; 31, 5; 34, 3; 36, 1; 58, 5. — Et *se Amors* 18, 5. — Et *si i a mis* 31, 3. — *Se ele* n'estoit 33, 2. — *Si oi* criant 39, 1. — *Si ont* 51, 2. — *Si* estrange beauté 58, 2.

Die tonlosen Fürwörter *me, te, se, le* zeigen die Elision ohne Ausnahme, falls sie vor dem Verbum stehen; ebenso *ma, ta, sa*, die Artikel *le* und *la* und die Präposition *de* vor einem Vokal oder stummen h.

Das *i* der Fürwörter *li* und *mi* wird nie unterdrückt, das von *qui* sehr selten (36, 2:

Ne soyez pas com li cisnes *k*'ades
Bat ses cisneaux ....).

Der Hiatus, welcher durch das Zusammentreffen eines betonten, nicht unterdrückbaren Endvokals mit einem Anfangsvokal des folgenden Wortes entsteht, ist, wie überhaupt bei den alten Dichtern, so auch bei Thibaut überall erlaubt, und es ist nicht nötig, hierfür Beispiele anzuführen. Ausnahmsweise findet sich der Hiatus zwischen e muet oder sourd am Ende eines Polysyllabum und folgendem mit Vokal oder h muette anlautendem Wort in 13 Fällen. Der Hiatus zwischen den Einsilblern que (ke), ce, je, ne (= nec), se oder si kommt 65 mal vor (que 17, ce 8, je 10, ne 11, se 19 mal), die Elision herrscht also bedeutend vor.

d) Reim.

Etwa seit der Mitte des 12. Jahrhunderts war die Art, *paarweise* zu reimen (die sogen. platten Reime, rimes plates, non-entrelacées) durch die bei den Troubadours gebräuchlichen *Reimverschlingungen* (entrelacement) verdrängt.[37] Thibaut gebraucht nun auch, mit Aus-

---

[37] Nach Roquefort Flamérieourt, De l'état de la Poésie franç. dans le 12e et 13e siècles, Paris 1815, p. 69, finden sich „rimes entrelacées" zuerst in dem Roman eines Anonymus: Miserere, ou li Romans du Reclus de Moliens, zwischen 1154 und 1189.

nahme von Nr. 64, welches platte Reime enthält, lediglich *verschlungene Reime*, und zwar ein *Gemisch von männlichen und weiblichen*, dessen Einführung vornehmlich ihm zugeschrieben wird.[38]

Die *Reimverschlingungen* vollziehen sich in den vorher bestimmten 8 verschiedenen Strophenarten nach folgenden Formeln:

1) Strophen von 8 Versen:

ababccdd Nr. 4 (ohne Geleit), 21, 37; Geleit ccdd.

ababbaab Nr. 6, 17, 23, 32, 60, 63; Gel. aab (17, 32, 60), baab (23, 63).

abbcacdd Nr. 7; Gel. dd.

abbacbca Nr. 10; Gel. cbca.

ababaaba Nr. 14 (Gel. aba), 56 (Gel. aaba).

ababacca Nr. 20, Str. 1, 2, 5; ababaccb Str. 3 u. 4; Gel. acca.

ababccbc Nr. 29; Gel. ccbc doppelt.

abababba Nr. 36; Gel. abba.

ababbbab Nr. 38; Gel. bab.

aabbabba Nr. 41; ohne Geleit.

ababaaab Nr. 43; Gel. aab.

ababaacc Nr. 44; ohne Geleit.

ababcdcd Nr. 45; Gel. cdcd doppelt.

abababac Nr. 50; Gel. abac doppelt.

abbaccaa Nr. 57; Gel. ccaa.

ababbcca Nr. 62; Gel. cca.

2) Strophen von 7 Versen:

aaaabba Nr. 5; ohne Geleit.

ababccd Nr. 11; mit einem Refrain cd und Gel. cdcd.

ababaac Nr. 12; mit einem Refrain cc und Gel. aac.

ababbab Nr. 13, 22, 42; Gel. bab.

abbaccd Nr. 15; Gel. ccd dreifach.

ababbaa Nr. 16, 58; Gel. baa doppelt; 27 ohne Geleit; 33 baa.

ababaab Nr. 18; Gel. aab.

aaaabab Nr. 19; Gel. bab, mit dem Refrain Valara.

ababbcc Nr. 24; Gel. cc.

abbabba Nr. 25; Gel. bba doppelt.

ababccb Nr. 54; Gel. ccb.

---

[38] Roquefort Flam. p. 89.

3) Strophen von 9 Versen:
   ababaabcc Nr. 2; Gel. aabcc.
   ababbaaab Nr. 26; Gel. aab doppelt.
   abbaccdde Nr. 28; Gel. cdde.
   abbaccbdd Nr. 31; Gel. bdd.
   ababbacca Nr. 34; Gel. cca doppelt.
   ababbccdd Nr. 46; Gel. ccdd doppelt; 53 Gel. bccdd.
   abbaaccdd Nr. 51; Gel. dd doppelt.
   ababbabba Nr. 52; Gel. bba doppelt.
   abbabccbb Nr. 55; Gel. ccbb.
   abbaabbaa Nr. 59; ohne Geleit.
   abbabccbc Nr. 61; Gel. cbc.

4) Strophen von 10 Versen:
   ababccdcd Nr. 3, Str. 1, 2, 4; ababccddd Str. 3 u. 5; Gel. ccddd.
   abbaccddcc Nr. 8; Gel. ddcc.
   ababbaccec Nr. 30; Gel. ccce.
   ababbccbbc Nr. 40; Gel. bbc.
   ababbaabab Nr. 47; Gel. baabab.
   abbaccddaa Nr. 65; Gel. ddaa.

5) Strophen von 11 Versen:
   ababccbccb Nr. 1; Gel. cbccb.
   ababbccddcc Nr. 49 (ohne Geleit), 66 (Gel. ddcc).

6) Strophen von 6 Versen:
   ababba Nr. 9; Gel. ba.
   aaabab Nr. 35; Gel. ab.

7) Strophen von 12 Versen:
   ababababcccb Nr. 39; ohne Geleit.

8) Strophen von 14 Versen:
   ababbabccbabb Nr. 48; Gel. babb doppelt.

Wenn wir diese Reimformeln überblicken, so tritt uns vor allen, nämlich 17 mal, der Anfang *abab* entgegen, alsdann abba in 12 Stücken; 6 beginnen mit anderen Formeln, nämlich abbc, abba, aaan, auab. Daraus folgt, dafs den Reimverschlingungen in den meisten Liedern Thibauts (in 59) die Formel *ab—ab* (oder *ab—ba*) zu Grunde liegt.

Daraus folgt dann weiter, dafs die meisten Lieder aus *dreiteiligen* Strophen bestehen, nämlich aus Strophen, die die beiden Reimverschlingungen oder Stollen ab—ab (od. ab—ba) enthalten und einen dritten Teil mit einer anderen, unregelmäfsigen Reimverschlingung.

Wenn wir ferner die Verbindung der einzelnen Strophen durch die Reime untersuchen, so finden wir, dafs in den meisten Liedern auch in dieser Beziehung eine Dreiteiligkeit vorhanden ist, indem immer in je 2 Strophen sich dieselben Reime finden, während die fünfte, in der Regel die letzte, Strophe ihre besonderen Reime hat. Diese *Dreiteiligkeit* der Strophenverbindung findet sich in allen aus 5 oder 6 Strophen bestehenden Liedern, also in 57, ohne Ausnahme, und zwar gewöhnlich nach der Formel 1 + 2, 3 + 4, 5; selten 1 + 3, 2 + 4, 5 (Nr. 5) oder 1 + 2, 3 + 5, 4 (Nr. 58). *Zweiteilig* sind nur die aus 4 Strophen zusammengesetzten Stücke Nr. 1 und 48; *vierteilig* ist Nr. 25, und ein *unverändertes Reimsystem* zeigen 6 Stücke, nämlich Nr. 4, 9, 11, 15, 16, 17. Es trifft also das, was W. Wackernagel[39] über das Vorherrschen der Dreiteiligkeit sowohl im Strophenbau als auch im ganzen Liede sagt, für unseren Dichter vollkommen zu:[40] *Die Dreiteiligkeit ist bei ihm die Regel, die Beibehaltung desselben Reimsystems ist die Ausnahme.*

Wir fügen noch hinzu, dafs auch Thibaut, wie seine Vorbilder, die Provençalen, es mit Vorliebe thun, bisweilen das kunstvoll geteilte Lied auf eine künstliche Art wieder zu verbinden sucht, indem er dieselben Reime wiederholt, sei es im Inneren oder am Ende einer Strophe. Das erstere geschieht z. B. in Nr. 49 (ors), das letztere in Nr. 50, dessen Strophen schliefsen mit: prie — aie — mie — prie — accomplie — mie, honie — partie; in Nr. 15: daigne — pregne — montaigne — Alemaigne — soviegne, souffraigne — viegne — Champaigne; in Nr. 37: partir — partie; faillir — faillie; ami — amie; saisi — dessaisie; merci — mercie; obli — oblie.[41] Eine andere Art künstlicher Verbindung finden wir in Nr. 7. Sie besteht darin, dafs der Dichter das Ende jeder Strophe immer mit dem Anfang der folgenden bindet:
1. Et j'en atent joie après ma *dolor*
2. Ceste *dolour* me devroit mout seoir

---

[39] W. Wackernagel, Altfranz. Lieder und Leiche p. 174.
[40] Ferd. Orth, Über Reim und Strophenbau in der altfranz. Lyrik Kassel 1882, ist dagegen nach einer hierauf bezüglichen Untersuchung der Berner Liederhandschrift zu einem entgegengesetzten Ergebnis gelangt.
[41] Lieder dieser Art finden sich noch von Le Châtelin de Coucy, Gasse Brules und einem anonymen Verfasser bei Brakelmann, Herrigs Arch. XLIII, 402; XLII, 91; XLI, 39.

2. Que de mes maux n'aie bien le *retour*
3. Ha! ce *retour* dex, et quant l'auraigie?
3. Ne me n'en puis partir ne *remuer*
4. D'où *remuer* je n'en prendrai congié.
4. Ja ni perdrai pour belement *celer*.
5. *Celer*, dit-on, que molt vaut a ami [12]

Im übrigen enthält sich Thibaut einer übertriebenen Künstelei.

Was das *Reimgeschlecht* anbetrifft, so ergiebt sich aus unserer Untersuchung, dafs auch Thibaut die *männlichen Reime* bevorzugt. In 21 Liedern kommen nur männliche Reime vor, während es nur ein einziges giebt mit lauter weiblichen (59). Zwar finden wir überhaupt weibliche Reime in 45 Stücken, aber gröfstenteils nur verstreut und nicht immer regelmäfsig mit männlichen verschlungen. In Nr. 7 findet sich sogar nur ein einziger weiblicher Reim.

Von den *künstlichen Reimen* findet sich der *reiche* sehr häufig bei Thibaut; fast in jedem Stücke bieten sich deren mehrere, und es ist überflüssig, Beispiele anzuführen.

Reime, in welchen der Gleichlaut der Wortausgänge mit dem Vokal beginnt, der der Tonsilbe vorangeht (*leoninische, superflues, doubles*), kommen selten vor und nie absichtlich, sondern immer nur zufällig, und meist sind die Adverben auf -ement die Träger dieser Reime, nämlich in 1, 2; 2, 1; 13, 3; 14, 1; 16, 4; 28, 2; 30, 3; 45, 2; 48, 1; 51, 2; 61, 1; 63, 3; aufserdem noch decevoir : devoir 5, 1; ne ment : droitement : longuement 30, 4; maison : raison 10, 1; 51, 4; fera : amera 44, 5; demant : longement 46, 1; contenance : astenance 47, 3; maintenant : avenant 48, 1; avoir : savoir 48, 3; 11, 1; traison : mesprison 55, 1; sovenirs : maintenir : avenir 57, 1 u 2; savorée : demorée 64, 1; repentement : comandement 66, 5.

Reime aus Homonymen, d. h. aus Wörtern von völligem Gleichklang, aber verschiedener Bedeutung und Herkunft, bei altfranzösischen Dichtern sehr beliebt (rimes équivoques),[43] finden sich auch bei Thibaut: voie (via) : voie (videam) 12, 4; partie (Subst.) : partie (Verb) 48, 2; pas (Negat.) : pas (Subst.) 46, 5; non (Negat.) : non (nomen) 55, 2; amis : mis; merci : si; tant : entent 5; semont : mont 7, 1; confort : fort 23, 2; corde : misericorde 64; refui (refugio) : fui (v. esse) 11, 1; amie (amica) : mie (mica) 40, 3 (cf. 41, 5; 17, 1; 24 envoi); nois :

---

[12] Auch bei den Meistersängern finden wir diese Art Reime, „Kornergenannt (Beispiele siehe Augsb. Zeitung [14] 1970a); zu vergl. C. Bartsch, Jahrb. f. rom u engl Litt. I. p. 175 ff.
[43] Tobler, Vom franz. Versbau p. 111.

espenois 26, 3; voir (verum) : ravoir (habere) 31, 1; 55, 3; ardure : dure 34, 2; née : finée 42, 3; en droit : endroit (zugleich Doppelreim) 48, 1; avis : devis : vis 55, 3.

Reime zwischen Simplex und Kompositum kommen vor in folgenden Stücken: 3, 1 pris : mespris; 5 soupris : pris; souvient : vient (vgl. 13, 5); 8, 4 querre : requerre; envoi: pleust : deplenst; 50, 4 quiert : conquiert; 25, 3 complaindre : plaindre; 28, 2 deffendre : fendre. Zwischen *verschiedenen* Kompositen: 10, 4 requiere : conquiere; 36, 4 reprendre : aprendre; 50, 3 conquiert : s'enquiert; 60, 1 emprendre : reprendre.

Der mit diesen ebengenannten Reimen verwandte *grammatische Reim*, der da eintritt, wo der Dichter von denselben reimenden Wörtern im nächsten Reim andere Formen anwendet, findet sich nur in einem Stück, Nr. 37, offenbar mit voller *Absichtlichkeit:* partir : partie; faillir : faillie; ami : amie; saisi : saisie; merci : mercie; obli : oblie.

Gleiche Reime, die stattfinden, wenn mit dem Gleichklang der Reimsilben auch gleiche Bedeutung verbunden ist, sind in 5, 5 fois : fois; 3, 3 u. 8, 3 a : a; 57,2 avenir : avenir; 66, 3 vous ai : vous ai.

Zuweilen reimt Thibaut mit einem *mehrsilbigen Worte* eine *Wortgruppe* oder er reimt *zwei solche Wortgruppen*: 3, 3 son gré : bon gré; 39, 3 mon talent : son talent; 46, 5 ne dis-*je pas* : en es *le pas*; 5, convoi: emblé : samblé.

Doppelreime, die sich dann ergeben, wenn den eigentlichen Reimsilben noch zwei andere reimende vorhergehen, aber durch verschiedene Konsonanten von den eigentlichen Reimsilben getrennt sind, kommen auch hier und da vor: 1, 1 novele : sautele; 2, 1 corage : sauvage : assoage; 3, 3 prison : li non; 5, 2 est pris : mes pris; me vient : me tient; 26, 1 ne m'i vaut : ne m'i faut; 31. 4 je vous di : de merci; 36, envoi: parole : m'afole; 38, 1 desbrise : desguise; 45, 1 ensi : en li; 48, 2 dechoit : metroit; 48, 3 est vis : est pris; 51, 5 acointement : atraire lent; 56, 4 que j'aie : veraie; 56, 5 estovoir : en voloir.

Binnenreim, der dann entsteht, wenn zwei oder mehrere Silben im Inneren zweier oder mehrerer Verse durch den Reim so zueinander in Beziehung gesetzt werden, daſs zwischen den Endreimen und diesen reimenden Silben eine nichtreimende Silbe oder Wort steht, scheint in 1, 1 vorzuliegen:

        C'est la bele au cors gant
        C'est cele dot je chant.

Assonanzen endlich finden sich 36, 2 vers : ades ; 11, 1 arboie : s'envoisent ; 41, 4 chainse : blanche ; 46, 4 folage : baise ; 47, 4 demande : conoissance ; 48, 3 decoit : avoir.

Wir sehen aus dem Bisherigen, daſs unser Dichter, wenn er auch jene kunstvollen Reime nicht ängstlich meidet, doch eine groſse Einfachheit in der Form seiner Lieder zeigt, die wohlthuend von den lächerlichen Spielereien vieler seiner Zeitgenossen, und besonders der Provençalen, absticht. Im Gegensatz zu diesen empfangen wir den Eindruck des Einfachen und Natürlichen aus den Gedichten Thibauts, der noch erhöht wird durch manche Anklänge an das Volkslied. Hierin ist der Grund seiner Bedeutung und seines weltbekannten Ruhmes zu suchen.

II. Sprache.

Da vor allem der Reim einen sicheren Anhalt gewährt, wenn es sich um die Feststellung der lautlichen Eigentümlichkeiten eines Denkmals handelt, so haben wir uns der Mühe unterzogen, die von Thibaut gebrauchten Reimwörter auszuziehen und nach der alphabetischen Ordnung der Vokale, auf denen sie beruhen, zusammenzustellen. Aus dieser Zusammenstellung haben sich zunächst folgende von dem Dichter verwendete Reimsilben ergeben:

1) Auf *a* beruhende: a, al, as, art, ace, ant (ans, anz, ent, ens), ance (ence), andre (endre), age (aje, aige).
2) Auf *ai* (*ei*, *e*) beruhende: ai, ais, aistre, aie, aire, aille, ain-e (ein-e), aigne (egne), aut (ault), aus (auz, aux).
3) Auf *è* beruhende: ele, erre, ers.
4) Auf *é* beruhende: é, er (es), éc.
5) Auf *ié* beruhende: ié, ier, iez (iés), iers, iert, iere, ien(s), ient.
6) Auf *i* beruhende: i, ir, is, iz, ie, ire, ise(nt).
7) Auf *ò* beruhende: ort, ol, ole.
8) Auf *ó* (*óu*) beruhende: or (our), os (ous), on(s), eu, ue.
9) Auf *oi* beruhende: oi, oir, ois, oit, oie, oil.
10) Auf *u* beruhende: u, us, uz, ust, ure.
11) Auf *ui* beruhende.

Aus der Anwendung dieser Reimsilben ergeben sich dann folgende Bemerkungen über den *Vokalismus* bei Thibaut:

a. Daſs lat. *a*, wie überall in den romanischen Sprachen, auch bei Thibaut durch die Position geschützt ist, braucht nicht gesagt zu werden.

Die Verwandlung eines *lat. betonten o* in *a* vor einem Nasal[14] ist nicht selten; 64 wird *dame* mit *ame* gebunden.

Die lat. Endungen *-aticus, -atica, -aticum* werden *-age*. In zwei Stücken (12 und 46) finden sich burgund. *-aige* im Reim mit *-age*: coraige : sauvage; caige : cornige (12); ontraige : saige; folage : baise (46) (vgl. *faice : efface* 46, 5). Zweimal begegnen wir der Schreibweise *aje*: herbergaje : usaje (4); coraje : iretaje; visaje : tesmougnaje (41). Das Vorwiegen von *-age* und die Schreibweise *-aje* machen es glaublich, dafs Thibaut diese Endung *a'ge* aussprach.[15]

Die Endungen *ant (ans, anz)* und *ent (enz)* finden sich vollständig im Reim miteinander gemischt, ohne jegliche Rücksicht auf die Etymologie.

Ebenso werden die Endungen *-ance* und *-ence* ohne Unterschied im Reim gebunden: semblance : deservance : *penitence* 3, 3; pesance : avance : *penitence* 9, 1; tence : enfance : alegance 9, 2; France : presence 53, 4; contenance : acointance : *penitence* : vaillance 59, 4; balance : comence : vengeance 61, 5.

Thibaut kennt also keinen Unterschied mehr in der Aussprache der Laute an und en.

ai (ei, e). *ei aus lat. i + komplet. Nasal wird überall durch ai ersetzt*: remaindre : plaindre : ataindre 10, 1; maindre : faindre : destraindre 10, 2; plaindre : graindre : faindre : estaindre : remaindre 19, 5 etc.

ai aus lat. a + einf. oder komplet. Nasal wird gebunden mit ei aus lat. e + einf. Nasal: iceine : souveraine : saigne : Siraine : peine; haleine : Heleine : vilaine : d'estraine (59).

Die Reime daigne : pregne : montaigne : Alemaigne : soviegne : souffraigne : viegne : Champaigne zeigen, dafs *ai aus lat. a + Nasal*, *e aus lat. e + komplet. Nasal und ie aus lat. e + Nasal gleich lauteten für unseren Dichter*. Aufserdem zeigen sie uns einen dem Osten eigentümlichen Zug, nämlich die *Angleichung des n an ai*.[16]

Wir sehen ferner, dafs die *Verwandlung von ei in ai im Begriff ist, sich bei Thibaut zu vollziehen*.[17]

---

[14] Vgl. G. Lücking, Die ältesten franz. Mundarten, Berlin 1877, p. 110.
[15] Siehe F. Neumann, Zur Laut- und Flexionslehre des Altfranz., Heilbronn 1878, p. 13 ff.
[16] F. Neumann, Zur Laut- und Flexionslehre p. 4 ff.
[17] Vgl. P. Meyer, „Sur An et En toniques" dans les Mém. de l. S. Ling. de Paris t. I, p. 244—270. Lücking p. 106 ff. — Neumann p. 24 ff. —

Der Diphthong *ai* in männlichen Versen reimt gewöhnlich nur mit sich selbst, an 2 Stellen mit *é*: blé : regardai (39); aurai : désiré (17).

In einem Liede (31, Geleit) ist *ais* aus *lat. a + Guttural gebunden mit ès aus lat. ĭ oder ĕ in Position*: mais (magis) : fais (fascis); ades (ad ipsum) : aprés (pressum).

ai in den weiblichen Reimen kommt in den meisten Fällen von *lat. a + Guttur. verdichtet in i*: veraie (veracum) : essai (exagiare) 8, 1 ; esmaie (esmagare von *mmagên*, Diez, Etym. Wörterb. I) : plaie (plagam, Schlag) 8, 2 ; 57, 3 ; *j'aie* (habeam) : veraie 57, 4 ; apaie (apaciat) : essaie : *manaie* (manu adjutare) 61 ; retraire : afaire : debonnaire (atrium, arium, Diez, Etym. Wörterb. I) 16, 3 ; contraire : faire : plaire 16, 4 ; esclaire (esclarare) : taire 21, 1 ; repaire : faire : saintuaire ; atraire : contraire 25 ; haire (*hâra*, ahd.) : maltraire : faire : aire (Nest, Horst, Diez, Etym. Wörterb. I; B. ten Brink, Dauer u. Klang p. 13, 36).

Die Reime, welche ein *l mouillé* enthalten (8, 5 ; 33, 5 u. Geleit; 62, 3 u. 4) beruhen lediglich auf *lat. ali + Vokal*. Die *Schreibung* der Wörter mit dem mouillierten Laut ist ganz verschieden bei Thibaut, z. B. travail 61, 1; travaill 32, Geleit; traveillé 2, 1; allors 23, 4; faille, failli, falir 65, 3; apareillier 4, 5; esveiller 59, 2; esveillent 31, 4; vellant 34, 5; consoil 52 : consoillez 53, 1 ; consel 6, 1 ; merveillier 2, 28; merveille 58, 1; esmerveille 59, 3 ; mervoille 15, Gel.; 53, 3; mervelle 6, 2; 8, 3; 17, 2; mervellant 58, 2; mervel 10, 2; meillor 60, 3; moillor 48; millor 3, 3; 11, 2; 61, Gel.; 64, 1; perillier 23, 4; aeuel : orgueil : duel : oel 8, 1 u. 2; 58, 4 u. 5; œil 8, 1 ; oil : somoil : doil : orgoil : acoil 13 ; orgellex 14, 5 ; toillier 49 ; voillez 26 ; 17, Gel.; voille 65; vaille 16, 2. — Die Verwandlung der Endung *eü* in *oil* hat sich also bei Thibaut noch nicht vollzogen.[18]

au s. l.

è.[19] Es kommen nur wenig Reime vor, denen dieser Vokal zu Grunde liegt, der herkommt

1) *von lat. e + komplet. Konson.*: ivers : sers (servus) : divers : fers (ferus) : pers : vers : *ades* (ad ipsum) : ters (tersus) 36; novele : bele : sautele (saltellat) : chansonelle : renovele : apele (1, 1 u. 2);

Koschwitz, Überlief. u. Sprache der Chans. Du Voyage de Charlem. à Jérus. et à Constant, p. 26 ff.

[18] Lücking p. 203 u. 205.

[19] In Bezug auf die Aussprache der drei Vokale è, é, e s. Lücking p. 91 ff.; dagegen B ten Brink, Dauer u. Klang p. 22 ff.

2) *von lat. ne + komplet. Konson.:* reconquerre : serre (sera) : querre : requerre (8, 3 u. 4).

é. Der *é-Laut* der männlichen Reime kommt aus *lat. a vor einfachem Konsonanten* (ausgenommen Guttur. und Nasal), welches sich findet

1) in den Part. auf -atum: navré : colouré : *reverrez* : grevé : ses : cheanté (2) etc.;

2) *in der Endung -atem*: esté 6 (vgl. *estey* 38); volenté 21 ; poesté, honesteté 43; débonaireté; — oder *-itatem*, sei es, dafs *lat. i* nach den Lautgesetzen [50] *schwindet*, wie in bonté, clarté 6; beauté 2; fierté 3, 8; maleurté, fauseté 61; — oder dafs *der Bindevokal sich hält* („gelehrte Wörter"): verité 43; dignité 61; [51]

3) *in den Adjektiven und Substantiven auf -atum*: gré 3; ferré, savouré 6; savourez, saveres (saporatus) 29 u. 46; comté, costé, côté 47; dé 35; pré 47;

4) *in der Infinitiv-Endung -are*: 2, 5, 6, 7, 8, 11 u. s. w.;

5) *in der Verbal-Endung -atis*: 29, 44, 52, 53, 64;

6) *in den Substantiven auf -are*: d'outremer 56; in dem Adverb asses (adsatis) 46 und dem Subst. *grez* (gradus) 44; in *nes* (nitidus) : bes (celt. beic, bek) 65; in *Barnabé* 44;

7) in der Verbal-Endung *-avi*: regardai 39.

Auch die Endung des Futurs -ai (habeo) reimt hier mit: aurai — désiré 47.

Was endlich die *weiblichen Reime* anlangt, die sich auf geschlossenes e gründen, so kommt davon nur die eine Art auf -ée vor aus *lat. a vor einf. Konson.*, ausg. *Guttur. u. Nas.*: 1, 3, 7, 14, 18, 19, 21, 25, 28, 29, 40, 42, 43, 48, 52, 53, 54, 56, 57, 59, 60, 64.

Die Thatsache, dafs die Futur-Endung -ai mit é anstatt mit è reimt, bekundet eine Neigung des Dichters zu der modernen Aussprache dieser Endung.

ié. Dieser Diphthong kommt

1) *von lat. a + einf. Konson. unter dem Einflufs eines vorhergehenden c oder i*: envoier (indeviare) 21; renvoié (reindeviatum), renoié (renegatum), pechié, pitié 63; irié (iriatum), congié (commeatum) 7; herbergier 4; 14; chier, esmaier (exmagare) 42; jugier (judicare) 42;

---

[50] Diez, Gr. II, 176.
[51] Diez, Gr. II, 363.

targier (tardicare) 16, 40; loier (locarium), rimoier (rimicare), esbanoier (exbanicare) 17; foier (focarium) 30; comencier (cominitiare), avancier (ab-antiare) 1 u. s. w.;

2) *von lat. a oder e, mit dem sich ein i aus der folgenden Silbe verbindet (Attraktion, Transposition, Epenthese*[52]) in Wörtern auf -*arium*: portiers, premiers, pantoniers (palitonarius), huissiers (ostiarius), Oliviers (oliviarius), gonfanoniers (ahd. gundfano) 31; chevaliers (caballarius), dongiers (damnarium), legiers (levarius), laisiers (laquearius) 51; deniers (denarius) 61; vergiers (viridarius), acier (aciarium) u. s. w.; — auf -*erium*: desiriers (desiderium), mestier (ministerium) 30, 57, 64, 66;

3) *von lat.* e + *einf. Kons.*: gie (ego) 7; pies (pedes) 52, 53; bien, rien 5, 7, 21; vient, tient 32; crient (tremit) 53; iert (erit), fiert (ferit), affiert 56;

4) *von lat.* ae + *einf. Kons.*: quiert, requiert, conquiert, enquiert (quaerit) 50.

Die weiblichen Reime, welche *ié* enthalten (21, 34, 38, 40, 52), entsprechen denselben lat. Vokalen wie die männlichen.

In Bezug auf die Aussprache des Diphthongs *ie* ist Neumann p. 58 ff. zu vergleichen.

i. Der Vokal *i* in den männlichen Reimen auf *i*, *ir*, *is* (*iz*) kommt

1) *von lat.* i + *einf. oder komplet. Konsonanz*;

2) *von lat.* e + *einf. Kons.*: merci (mercedem) 3; païs (page[n]se) 54, 55; priz (pretium) 54; pis 23 u. s. w.

Das *i* der weiblichen Reime auf *ie*, *ire*, *ise(nt)* entspricht

1) *lat.* ī + *einf. Kons.*: vie (vitam), mie (mica), amie (amica) 19 u. s. w.; im Präs. der Verben auf -*itare*: s'ecrie (ecritare) 41, 5; besonders in den *Part. auf* -*ita*: saisie, partie 4; oblie 29; deservie, sentie 34 u. s. w.; — auch in den *Part. der Verben, welche ihre Konjugation geändert haben, indem sie dem Part. auf* -*ita folgten*: ubaissie (adbassiata), assegie (assediata) 4, avoisie, multiplie 59 u. s. w.; — in den *Subst. auf* -*ia*: courtoisie, seignorie, vilennie 4; maistrie, folie, abeie, drurie 47; tricherie, felonie, maladie, letargie, compagnie u. s. w.; in *Eigennamen*: Marie 40, 41, 54, 62; Brie 52; Surie 55; Romanie 59. — In den Formen *aie* (adjutam) 4, 19, 52 und *umelie* (humilias) 19, 43 kommt das *i* von *kurzem lat.* i.

2) *lat.* i + *kompl. Kons.*: envie (invidiam) 29; ocire, rire, dire 27;

---

[52] Neumann p. 24 ff.

in *Subst. auf -itium, -itia*: jostise, devise, comandise, juise (judicium) 3; servise, covoitise (cupiditia) 10; franchise 38; feintise 53;

3) *lat. e + komplet. Kons.*: sire (senra) 27.

5. Der offene o-Laut unterscheidet sich auch bei Thibaut von allen anderen o-Lauten. Er kommt her

1) *von dem lat. Diphthong au*: parole 36, Pol 44, chol (caulem) 44, tresors 66;

2) *von lat. o in Position*: col, fol 44; afole, escole (*iscola* anstatt *schola*), vole (volat) 36; mort, tort, confort, fort, deport, sort 23; recort 8; acort 51; hors (forris), cors (corpus), ors (horridus) 66.[53]

6. Das geschlossene o kommt bei Thibaut unter verschiedener Gestalt vor: *o, ou, u* und *eu*. Es entspricht

1) *lat. ō + einf. Kons.* in der Endung *-orem*: amors, dolors 2 u. s. w., willkürlich ersetzt durch *ou*: amors : seignors : tristours : estours 31; paor : dolor : covertour : amour 37; nos : rescons : vous 64;

2) *lat. ū in Position*: jor 3 (jour 18); aubor 30; tors (turris) 23;

3) *lat. o entweder vor einf. Nasal*: non 3; nom, Mahom 19; don son 50 u. s. w.; am häufigsten in den *Subst. auf -onem*; oder *vor komplet. Nasal*: semont, fons, respons 7; besoing, tesmoing, doing, poing 8 (das i zeigt nur den mouillierten Laut an); huit (oculum) 4, 2; arugle (aboculum) 54, 3; tuil 54, 3;

4) *lat. ŭ vor einem Nasal*: mont (mundum), dont (de unde) 7; sont, parfont (par fundum) 54 u. s. w.;

5) *lat. a, e, i vor einem Nasal*, in den ersten und zweiten Personen des Plur. der Verben: faisons, amendons 55; attendons 62; plaignons 65; ont, font 51; venront 54.

eu = ó findet sich vor s oder x, aus der Endung *-osus*: perilleus, amoureus 24; avantureux, perilleux, envieux (*envioux* 41, 4), angoisseux, luxurieux 26; dolereux 65, im Reim mit *gieus* (jocus, jeu 55, 3), deus (duos), dieux, ceus (ecce illos).[54]

u = ó, entsprechend *lat. ū*, findet sich: sunt 4, 2; 13, 2; 21, 5; 29, Geleit; 31, 2; 32, Geleit; 50, 6; *volunté* 21, 5; u (übi) 54, 1.[55] Dieses u ist ein *normannischer Zug*, vgl. arugle (ab oculus) 54, 3.

Reime wie amour : valour : secors : plors 66 u. a. beweisen, dafs *o* und *ou* unserem Dichter *gleich lauteten*; dafür, dafs der Vokal *u* in

---

[53] Neumann p. 47. — Lücking p. 149 u. 169.
[54] Neumann p. 46.
[55] Koschwitz, Überl. u. Spr. p. 32.

Thibauts Liedern auch diese Aussprache hatte, giebt es keinen sicheren Beweis.[56]

oi. Dieser Diphthong entspricht

1) *lat. ē + einf. oder komplet. Konson.*: proi. moi 3; voi 8; soi, croi, foloi 10; quoi, conroi 36; cois (quietus) 53; cortois (cohorte[n]sis) 25, 11; Champenois 41; pois (pensum) 25; droit 42; adroit 24; endroit; besonders in den Infinit. auf -ere; im Sing. des Imperf. und Kondit. aller Konjugationen;

2) *lat. ĭ + einf. oder kompl. Konson.*: foi (fidem) 10; nois (niveus) 25; fois (vicem) 5; soit (siat) 24; destroit (districtum) 24; exploit (explicitum) 24, 61; ostrois 41; otroi (auctorio) 10; frois (frigidus) 5;

3) *lat. ii vor einem Nasal*: poing (punctum) 8, 3;

4) *lat. ŏ*: doil (doleo), oil (oculi), orgoil (ahd. urguoli), acoil (colligo), somoil (somniculum), voil (volo) 13.

Das *oi der weiblichen Reime* kommt her

1) *von lat. ē + einf. Kons.*: croie (credat) 4; moie (meta), desroie (deredat), recroie (recredat) 4; arboie (arbroie = arboreta?) 41; dosnoie (domneat) 47; proie (pr[a]edam 55; besonders im Imperf. auf -ebam und im Kond.: avoie, soloie, maistroie 2; oseroie, vauroie 4 u. s. w.;

2) *von lat. ĭ*: desloie (disligo) 3; voie (videat) 4; emploie (implicat), guerroie (werricat), retroie (retricem) 4; foloie, chastoie (castigat) 1, 4; effroie (exfrigido) 24; otroie 24; convoie (conviat) 4;

3) *von lat. au*: joie (gaudia) 4; oie (audiat) 4.[57]

u. Der Vokal u entspricht

1) *lat. ū + einf. oder komplet. Konson.*: vertu, jus (jusum, corsum), sus (susum), dessus, plus, confus, us (usum) 30; laudamus 66; Pyramus 30; Julius 15; saluz 21; — besonders in den Part. auf -utum: perdu, creu 43; avenu 56; esmeuz, deceuz, esleuz 21; — und im Perfekt auf -ūi: fu 45; — im Plusquamperf. auf -ūissem: fust, pleust, despleust (depleust) 8;

2) *lat. ŭ + komplet. Konson.*: nus (nullus) 15, 65, 66.

Das *u der weiblichen Reime* entsteht aus *lat. ū + einf. oder komplet. Konson.*: dure, aventure, mesure, nature, cure, ardure (ardura), deconfiture (disconfutura) 34.

---

[56] Neumann p. 45. — Diez, Gr. I, p. 425.
[57] Vgl. über den Diphthong oi: F. Neumann p. 55. Koschwitz, Spr. u. Überl. p. 38 ff. — Lücking, Mundarten p. 201. Rofsmann, Roman. Forschungen, Organ f. rom. Spr. I, 145. — Osk. Ulbrich, Zur Geschichte des franz. Diphth. oi, Zeitschr. f. rom. Phil. III. 385.

ui. Dieser Diphthong hat seinen Grund

1) *in lat. u*: dui, fui, autrui, sui, cestui, glui (gluye) 32; *recui* (recepi) 6; *crui* (credidi) 14;[58]

2) *in lat. ō*: anui (in odio) 14, 32; conui (cognovi) 11, 32; mui 31.[59]

Aus den Reimen dui : ravi : autrui : sui 6; sui : *ami* : fui : mui 31; *languir* : *oir* 18, 1; *languir* : *morir* 1, 1; 20, 1; *consievir* : *fuir* 26, 2; *di* : *enfui* 39 geht hervor, dafs der Diphthong *ui* von Thibaut als *steigender* gesprochen wurde.[60]

y. Dieser Buchstabe hat bei unserem Dichter nur *graphische Bedeutung* und vertritt nach Belieben *i*: oubly, ouye, vy, feray, playe 59, 2; yoer 61, 3; getey 4; celuy 27, 6; ay-je, ennuy 29, 1.

Vergegenwärtigen wir uns zum Schlufs, dafs *an* und *en* unserem Dichter gleich lauteten, dafs *ei* aus lat. *i* mit folgendem komplet. Nasal durch *ai* ersetzt ist, und dafs *ai* aus lat. *a* mit folgendem Nasal reimt, mit *ei* aus lat. *e* mit folgendem Nasal und mit *ie* aus lat. *e* und folgendem Nasal; dafs ferner die mouillierten Endungen *el*, *eil*, *oil* durcheinander reimen; dafs die Futur-Endung *ai* im Reim mit *é* eine Neigung zur modernen Aussprache dieses Diphthongs zeigt; dafs endlich die Laute *ó* und *ou* miteinander gebunden werden, so kommen wir zu dem Ergebnis, dafs der Vokalismus bei Thibaut sich in einem Zustande des Überganges befindet, der sich ganz besonders an den Vokalen vollzieht, die aus lat. *a* und *e* vor komplet. Nasal oder aus *o* vor einfacher Konsonanz stammen.

Was die *Konsonanten* anbetrifft, so können wir uns auf einige Bemerkungen zu der Liquida *l*, zu den Dentalen *t*, *d*, *s*, *z* und zu den Gutturalen *g* und *c* beschränken.

1. *Anlautendes l* behauptet sich; die Verwandlung in *r* ist der alten Sprache gemein: rosignols (lusciniolum) 33, 1.

Im Inlaut, sei es vor lat. oder roman. Konsonanz, vokalisiert es sich gewöhnlich:

1) al + Konson.: Thiebauz, Renaut 26; sauvée 20, 4; sautele 1; saut 39, 2; assaut 15, Gel.; 55, 5; autrui 2, 3; 6, 3; autre 9, 3; 2, 1; 2, 3; 3, 2; 8, 2 etc.; tieus 8, 4; aucune 3, 1; 8, 4; maus 3, 1;

---

[58] Zu vergl. in Bezug auf die beiden letzten Formen Diez, Gr. II, 244.
[59] Diez, Gr. II, 244.
[60] Neumann p. 55, 58.

4, 3; 3, 5; 7, 2 etc.; haute 4, 1; 12, 3; 17, 3; roiaume 9, 1; 55, 2; loiaus 4, 4; 7, 6; 17, 5; chant 25, 1; fause 7, 4; vaut 7, 6; 9, 2; 17, 1 etc.; vauroise 8, 5; 10, 5; 14, 1.

2) *el + Konson.*: coup (colaptus) 6, 4; voudroie 21, 3; veut 14, 3; vuet 26, 4; seus (solus) 17, 2; vousist 24, 8;

3) *ul + Konson.*: douce 1, 2; 2, 1; 2, 5; 3, 4 etc.; douz, dous 3, 3; 9, 4 etc.; mout 3, 3; 7, 1 etc.; eus (oculos) 41, 2 (vgl. huiz 21, 5 und huis 31, 2);

4) *el + Konson.*: mieudre 1; mieux 49; mieuz 16; 22, 1 etc.; beau 10, 2; 12, 4; 16, 4 etc.; biau 3, 2; 8, 2; 11, 1 etc.; beauté 3, 2; 6, 1 u. 2; 21, 4 etc.; biautez 21, 1; 7, 4 etc.;

5) *il + Konson.*: sauvage 2, 1; 12, 1; ceus 43, 6; 55, 1; fiz 41, 5. *Oft fällt l weg*: cop 2, 5; 6, 5; nus 11, 1; 12, 1; 2, 5; 7, 2 etc.; iex 2, 1; 3, 3; 11, 1; 21, 5; 57, 3; tex 3, 1; 7, 1; 14, 2; tiex 22, 4 etc.; orgex 14, 5; 30, 4; orguex 65, 2; miex 2, 3; 8, 2; beax 46, 1; 44, 6; liquiex 47, 1; desleax 48, 2; fox 60, 1; 61, 2.

Die ursprünglichen Formen sind weniger zahlreich: salvée 1, 3; velt 2, 4; 23, 3; 33; molt 2, 3; 6, 3 etc.; moult 4, 6; 10, 5 etc.; dols 6, 2; 23, 1; ielx 38, 5; quelx 7, 5 etc.; liquelx 45, 1; orgellex 11, 5; nuls 17, 3; folx, fol 44, 3; melx 17. 5; mielx 35, 3; filz 41, 3; colpes 51, 2; col 44, 3; chol 44, 4; vault 55, 3; voult 4, 2; bault 25, 2; 26.

Über *l mouillé* s. p. 31.

t, d. Die Dentalen *t und d fallen gewöhnlich aus* vor s (z), bisweilen auch *am Ende* der Wörter: drois 2, Gel.; 15, 2; 21, 4 etc.; touz, toz, tous 3, 1; 13, 3 etc.; regars 5, 2; pers 21, 5; fons 7, 2; respons 7, 2; rens 7, 6; celans 7, 6; laissans, puissans 22, 1; gens 8, 2; talans 8, 3; Rolans 31, 4; esgaz 10, 4; mors (mortuus) 21, 2; confors 11, 1; amans 14, 2 (dagegen amants 15, 2; pronts 31, 3; pesants 15, 4; puants 56, 5); — salu 40, 2; nui (noctem) 65, 1 (dagegen nuit 43, 1); es (est) 13, 4; quan 19, 2; rendi 40, 2.

Bisweilen findet sich *e* statt *auslautender Dentalis* nach Analogie von tenco = tenjo = tieng (9, 2) = tiene : selonc 6, 3; sanc 63, 1; atenc 15, Gel.; parc 52, 2; perc (vgl. enfinc 49, 3; ainc 14, 3; 25, 5).

s, z, x. *s* vor *nachfolgender Konsonanz* hält sich in den meisten Fällen, aber es *lautet* nicht mehr, wie aus der Schreibweise folgender Beispiele hervorgeht: respons 7, 2 und repondit 39, 4; repont 10, 2; plaist 58, 5 und plait 1, 3 (plait 22, 3); toujors 60, 5 und tousjor-

60, 1; souspris 5, 1 und soupris 4, 4; sospir 5, 5 und sopir 1. Gel.; sospeçon 50, 4 und soupçon 32, 2; vostre 2, 3; 5, 1 und votre 3, 1; 3, 2 etc.

Dafs s, x und z für unseren Dichter gleich sind, geht aus folgenden Beispielen hervor: sans 5, 1; 3, 2; 3, 4 etc.; sanz 3, 3; 24, 3 etc.; grans 8, 3; 3, 5; 6, 2 etc.; granz 2, 4; 5, 2; 4, 6 etc.; dous 9, 4 etc.; douz 3, 3; 5, 2 etc.; tous 11, 5 etc.; touz (toz) 3, 1 etc.; envis 15; enviz 10, 1; 20, 1; dones 11, 1; donez 11; tenes 11, 5; retenez 21, 5; pities 5, 5; pitiez 3, 1; droiz 21, 4; drois 15, 2; amiz 22, 2; amis 22, 2; raizon 22, 3; raison 22, 4; morz 21; au desoz 30, 1; au dessus 30, 1; nuz 36, 5; nus 12, 1 etc.; ox 27, 1 (os); loiaus 7, 6; deloianx 52, 5; liquels 17, 4; liquelx 45, 1; 48; 49; dous 9, 4 etc.; douz 3, 3 etc.; doux 64; dicus 18, 4; diex 42, 1; dex 35, 2.[61]

Die Verbindung *ls* oder *ils* wird oft durch *x* ersetzt: iex 2, 1; 2, 5; 3, 3; 11, 1; 21, 5 etc. (siehe *l*).

Auslautendes s (z, x) *ist hörbar*, was die Reime beweisen: jus : nus; nus : confus; sus : plus; plus : dessus; Julius : plus (15). — Sus : par us : audessus; Pyramus : plus : confus (30). — Plus : par us (31). — Sus : jus; nus : andesus (65). — Plus : nus; desus : laudamus (66).

g. *Anlautendes g* bleibt vor *a, o, u immer guttural* nach der allgemeinen Regel. Die Verbindung *gu* wird meist durch *g* ersetzt: garder 3, 4; 8, 2; garir 10, 1; garison 10, 5; garentir 17, 2; gieter 25, 1; gite 48, 1; sie erhält sich in: guerdon, guerredon, guirredon 2, 1; 8, 3; 10, 5; 13, 4 etc.; guerpir 44, 4; guerroie 4, 3; 12, 2; guiller 11, 2; guile 43, 3; longue 43, 3; longuement 3, 5 (dagegen longe 40, 5).

j für palatales *g* findet sich 10, 2 jent (dagegen gant [gent] 1, 1); öfter im Inneren der Wörter: vanjance 3, 4 (venjeance 61, 5); vanjement 63, 3; serjans 64; herbergaje 4, 1; usaje, coraje, irelaje, visaje, tesmongnaje, naje 4.

c für *auslautendes g*, nach provençalischer Weise, findet sich: lonc 3, 6; 23, 2; 53, 1; quic (cogito) 66, 4 etc.

Palatales g vor Konsonanz stellt sich dar als *gc, gi* oder *g*: angele 54, 4; virge 54; 64; vierge 42, 1; avugle 54, 3.

---

[61] Vgl. über s, x und z Lücking. Mundarten p. 130. — Koschwitz Überl. u. Spr. p. 64. — Neumann, Zur Laut- u. Fl. p. 105 ff.

Häufig findet sich *y in den Endungen der Wörter* zur Bezeichnung eines *nasalen oder palatalen Lautes*: plaing 26, 1; tieng 4, 2 (tieg 25, 5); sosviegne 58, 4; viegnent 61, 4; pregne 15, 2; j'aing 16, 2 (aig 28, 3; 29, 2); demeng 4, 4; doing. poing 8, 4; coing 62, 5; loing 10, 5; loingz 21, 5 (loin 30, 5); besoing, tesmoing 8, 3; moigne (moine) 26, 1.

c, ch, q, k. Zwischen c und ch ist *kein Unterschied*: cançon 1, 5; 52, 2 etc.; chanson 1, 1; chançon 2 etc.; — canter 4, 1; 8, 3; canterai 4, 1 etc.; chanter 5, 4; 5, 5; chant 4, 1; 7, 1 etc.; — cose 46, 5; 57, 6; couse 8, 1; chose 7, 2; — cangier 23, 2; changier 2, 3; — cil 4, 6; 5, 1; chil 6, 3; chi 10; cele 6, 5; 11, 1; chele 14, 4; celi 13, 1; cheli 28, 1; ca 66, 5; cha 62, 1; — occire 26, 6; ocist 11, 3; 65, 1; ocis 22, 3; 4, 3; ochies 26, 6; ochient 65, 5; ochist 57, 3; — merci 3, 2; merchi 14, 3; — douce 3, 2; douche 14, 3; — boce 2, 5; bouce 46, 1, 2, 3, 4, 5; bouche 63, 4; — saiciez 2, 2; saciez 5, 4; 55, 1; sacies 50, 6; 52, 1; saichiez 22, 5; 53, 1; sachiez 4, 6; 5, 1; saichies 50, 1; sachies 26, 6; saichiauz 66, 4; saiche 53, 2; sache 52, 2; — rice 66, 2; riche 40, 2; brance 66, 4; france 13, 2; esmaianche, semblanche 57, 2; — (fres 2, 5) frece 40, 4; fresche 45, 2; 12, 4.

Auch *k* und *q* gelten als gleich und treten an die Stelle des lat. c: qui, que = ki, ke (k fast immer bei Elision des e); quidier (cogitare) 2, 4; 4, 2; 4, 3 etc.; quit 15, 4; quidai 10, 2; cuidai 10, 2; quar 32, 5; car 2, 2; 3, 3; 4, 1 etc.; keillir (colligere), kielt, kieut, keudra, koilli 66, 2, 3, 4, 5; eskapes 60, 4; kachiere 26, 4.

Vor *flexivischem s* fällt c weg: ars (arcus) 30, 3; clers (clericus) 53, 2; Turs 15, 4 etc. In Bezug auf die unregelmäfsigen Formen *justise, feintise* 53, 5, 6 vergleiche man Koschwitz, Überl. u. Spr. p. 72.

Es ergiebt sich aus der Lautlehre für die Feststellung der Sprache Thibauts, dafs sie keinem der altfranzösischen Dialekte ausschliefslich angehört, denn wir finden in ihr sowohl normannische, als auch pikardische und burgundische Spuren.

Normannisch ist z. B. 1) *u* für *o, ou, eu, oi*: sunt 4, 2; 13, 2; 21, 5; 29, Gel.; 31, 2; 32, Gel.; 50, 6; 54, 3; — volunté 21, 5; avugle 54, 5; — u (où) 54, 1; — huil (oi, œil) 4, 2; — huiz 2, 5; huis 31, 2; — muir 15, 1; — vieille, tuit 16, 2, 3; — truis (trouve) 12, 1; 43, 4; tneve 53, 3; vueul 57, 2; — paritruis 56, 2. — 2) *ei* für *ai*: seit 16, 5. — 3) eus (oculos) 41, 2.[62]

---

[62] Fallot, Recherches etc. p. 124.

Pikardisch ist 1) *ie* für *e* (auch burgund.), vgl. die Reime auf *ié* p. 32. — 2) *o* und *ou* für *eu* (auch burgund.), vgl. die Reime p. 34. — 3) *oi* für *ai*, vgl. die Reime p. 35. — 4) *ch* für *ç* oder *ss* aus *lat. ci, ti*, vgl. die Gutturale p. 39. — 5) *c* (k) für *ch*, vgl. die Gutturale p. 39. — 6) *c* für *auslautende Dentalis*, vgl. die Dent. p. 37. — 7) *seuc = seui = sus* (sapui) 55, 5. — 8) *g* für *gu* und *j*, vgl. die Guttur. p. 39. — 9) *boine* 58, 1; 60, 4; 34, 1; *boin* 45, 2; 66. — 10) Formen wie *biau* 3, 2; 8, 2; 11, 1; *estaublie* 62, 2 etc. (vgl. *establi* 6, 1). — 11) Die Zusammenziehung von *ols, els, ous* und *ils* in *ox, ex, ix*, vgl. die Dent. p. 37.[63]

Burgundisch ist, aufser den auch im Pikard. vorkommenden Merkmalen 1, 2 u. 3, 1) die Modifikation der Vokale durch sogenanntes *parasitisches i*: *poesteiz* 10, 1; *eaige* 12; *saige* 46, 3; *saichiez* 53, 1; *saiche* 53, 2; *Paraidis* 55, 3 (*Paradis* 48, 4); siehe die Reime auf *age* und *aigne* p. 30. — 2) *ian, iaz, ius, iax* für *eau, eaux*, siehe die Dentalen p. 37. — 3) Die Erhaltung des *l*, siehe die Liquiden. — 4) Die Anwendung eines *g* am Ende der Wörter zur Bezeichnung eines Nasallautes, s. unter *g* p. 39.

Wir sehen also, dafs sich von allen drei Mundarten Spuren in den Liedern Thibauts finden, und zwar von der normannischen nur geringe, dagegen eine grofse Anzahl von der pikardischen und burgundischen. Daraus würde man nun schliefsen können, dafs die Sprache Thibauts einem Gebiet angehört, welches sowohl Teile von der Pikardie als auch von Burgund umfafst. Da es jedoch für einen derartig gemischten Dialekt keinen Namen giebt, so haben wir auch für die Mundart unseres Dichters keinen besonderen Namen, es sei denn, dafs man alles, was sich sonst nicht unterbringen läfst, unter dem Namen der *Mundart von Isle de France* zusammenfafst. Gust. Lücking (Die ältesten frz. Mundarten) hat zwar sehr scharfsinnig den Nachweis zu führen gesucht, dafs es in der That eine solche Mundart gegeben hat, für deren Vertreter er den Chrestien v. Troie hält. Indessen, ganz abgesehen davon, ob ihm der Beweis überhaupt gelungen ist (vgl. Förster, Zeitschr. f. rom. Phil. I, p. 564), treffen mehrere der für diese Mundart von Lücking als besonders eigenartig aufgestellten Merkmale in Bezug auf die Sprache Thibauts nicht zu.

1) Als *eigentümlich* für die Mundart von Isle de France bezeichnet

---

[63] Fallot, Recherches etc. p. 127.

Lücking *frz. ó aus lat.* o (p. 202); aber bei Thibaut wird, wie wir gesehen (p. 31), auch *ou* daraus.

2) Ferner soll sich in dieser Mundart vor *palatalem l* stets *oi* statt *ei* finden (p. 203); wir finden bei Thibaut jedoch *eil* und *oil* durcheinander (p. 31).

3) *L vor folgender Konsonanz* soll stets wegfallen nach Lücking (p. 206); aber wie wir gesehen haben, bleibt es auch bei Thibaut (p. 37).

4) Wörter wie *oel, orguel* etc. sollen nach Lücking (p. 206) immer *ohne i* geschrieben sein; sie finden sich jedoch bei Thibaut auch *mit i* (p. 31).

Man kann daher nicht behaupten, wie Théod. Maréchal will,[61] dafs die Sprache Thibauts der Mundart von Isle de France angehört. Berücksichtigt man noch weiter den Umstand, dafs, wie wir oben aus dem Schwanken der Lautbezeichnungen an, en; ei, ai; o, ou, o; eil, oil nachgewiesen, sich die Sprache Thibauts in einem Zustand des Überganges befindet, so wird man um so mehr zu der Behauptung berechtigt sein, dafs sie nicht als der Ausdruck einer vollständig ausgeprägten Mundart zu betrachten ist.

Über die *Flexion* in den Liedern Thibauts können wir kurz hinweggehen, da sie weder besondere Eigentümlichkeit noch Mannigfaltigkeit zeigt. Bei der beständigen Wiederholung derselben Gedanken und Redewendungen ist leicht begreiflich, dafs sich auch Wort und Form beständig wiederholen. Das, was wir im allgemeinen als charakteristisch am Vokalismus und Konsonantismus bezeichnet haben, nämlich ein Schwanken, Übergehen vom Alten zum Neuen, läfst sich auch hier bemerken.

I. *Die Verbalformen* folgen den allgemein gültigen Gesetzen.

Die 1. Pers. Sing. ist gewöhnlich flexionslos, doch finden sich auch häufig Formen mit *s* vais 1, 4; crois 3, 1; vois 6, 5; 7, 1; 14, 1; suis 10, 2; dois 11, 5; truis 12, 1; rens 7, 5; — mit *e*, um die Aussprache des *c* zu markieren, 9, 2 *tence*.

Das *t* der 3. Pers. Sing. der 1. Konjug. ist geschwunden, die anderen Konjugationen haben es.

Die 2. Pers. Plur. ist *-es* oder *-ez*.

Der Konjunktiv der 1. Konjug. wird, nach der Regel, ohne *e* gebildet, die übrigen Konjugationen folgen ebenfalls den allgemeinen Regeln.

---

[61] Théod. Maréchal, Sur les chansons de Thibaut, Roi de Navarre.

Nichts Merkwürdiges haben Präsensformen wie sai 5, 5; 17, 3; 39, 5 etc.; ses 2, Gel.; set 10, 2; 12, 1; 16, 5; 17, 5; 22, 1; 28, 1; 40, 3; scet 28, 4; sevent 20, 5; seit 16, 5 (vgl. p. 30): het 29, 2.

Der Diphthong des Imperfekts ist *oi*.

Das *e* des Futurs der 1. Konjug. erhält sich gewöhnlich, bisweilen *fällt es aus:* privait 2, 3; converrai 7, 4; demorront, demourront 51, 2, 3. *Sekundäres e* findet sich in deveroient 5, 4; 13, 5 (dagegen devroit 16, 2; 17, 2).

II. *Die Nominalformen* bieten ebensowenig Eigentümlichkeiten.

1) *Regelmäfsig sind Nomina aus der 1. lat. Deklination* wie dame 1, 2; amie 40, 3; ante 30, 1; rose 41, 1; ame 1, 4; bergiere 40, 5; roine 51; jame (gemma) 56, 5; feme 55, 2 etc. etc.

2) *Gewöhnlich sind auch die Nomina aus der 2. und 4., sowie die meisten Maskulina und Neutra der 3. lat. Deklination regelmäfsig*, z. B. Nom. Sing.: li loiaus 48, 1; li dons 52, 5; clers (clericus) 53, 2; mires 6, 16; ivers 36, 1; fins amis 44, 2; 36, 2; 46, 2; chascuns 36, 5; aucuns 65, 3; li autres 45, 1; 48, 1; chiens 45, 5; li ventres 49, 3; mains 36; ars (arcus) 30, 3. — Nom. Pl.: li chevalier 40, 2; 48, 1; 51, 1; bacheler 50, 1; 54, 1 etc. etc. — Der Casus obl. dieser Wörter ist stets regelmäfsig.

3) *Die Imparisillaba folgen ebenfalls der Regel*, z. B. Nom. Sing.: quens, cuens 48, 1; 50, 2; enfes 39, 1; rois 44, 1; tans 36, 1; cuers 38, 5; 36, Gel.; 52, 2; 56, 5; 66, 4 (obliq. s. cuer 35, 1; 57, 1); tous homs 38, 2; nus homs 56, 2 (obl. s. home 57, 1); li nous 52, 2, 5; 62, 2 etc.

4) *Desgleichen gehen die Wörter mit beweglichem Accent nach der Regel*, wie Nom. Sing. li presteres 62, 3; pechieres 62, 5. — Nom. Plur. 21, 1. — Obl. s. menteor 40, 1. — Obl. pl. plaidiors 49, 3. — Nom. s. sires 51, 2 (sire 27, 4; 35, 3); signors 31, 3; obl. s. signor 54, 1; 56, 4; seignour 61, 2; seigneur 28, 2.

5) *Auch die Fem. der 3. lat. Deklination sind regelmäfsig*: Nom. s. raisons 52, 5; saisons 52, Gel.; cançons 14, 5; amours 1, 1 etc.; mauvis, mercis 37, 3; estes 36, 1; bontes 50, 3; volontez 44, 2; beautes 45, 2, 4; riens 52, 1 (obl. s. rien 39, 1; 44, 1) etc.

Das Wort *deus* wird Nom. s. dex 35, 2; 55, 2; oder dieus 18, 4; obl. s. dieu 54, 2; deu 56, 5; por Dé 43, Gel.

Ausnahmen von der gewöhnlichen Regel sind Formen wie: Nom. s. clerc 53, 4; deable 61, 4; nom. pl. dames 51, 4, 5; chevaliers 40;

aucuns 11, 1; nom. s. baron 35, 1; amor 12, 2; 55, 1; obl. - tlz 11, 3; amors 52, 5; 53, Gel.; covretors, defreors, valors 15, 5; prors 47, 4; nom. s. hom 39, 1; 10, 2; obl. s. hom (statt des alten *ho ame*) 40, 2; obl. s. vois 39, 1; crois 54, 1; reis (rete) 61, 1; nom. s. beaute 45, 3; 38, 2; flor 66, 5; cuer 53, 4; 39, 3; obl. s. cuers 66, 2 etc.

Über die substantivisch gebrauchten *Infinitive* s. weiter unten.

Die Flexion der Adjektive ist ebenfalls im allgemeinen nach der Regel, z. B.: Nom. s. sains 61, 5; pensis 47, Gel.; fins, fers, divers 36, 1; premiers 36, 2; lies 36, 5; las, gras 46, 5; chaitis 47, Gel.; clers 63, 2 u. s. w. Ohne *s* dagegen debonaire 36, 1; benecte 41, 2.

Das *s* findet sich auch im Sing. des Neutr., z. B. drois est 62, 2; 56, 1; 21, 5 u. s. w.

Die Participien auf -ans schwanken, wie recreans 46, 5; joianz 49, 1; semblanz 49, 2; apuant 49, 6; dolanz, desiranz, poissanz, saichanz, aidanz, secoranz 56; puants 56, 5; puans 65, 1; puant 65, 5; dolant, plaisant 57, 4, 5; puissans 64, Gel. u. s. w.

Der substantivisch gebrauchte Infinitiv findet sich oft; li dormirs 31, 5; cil pensers 50, 5; 57, 1; obl. mon penser 37, 2; li acolers 46, 4; li baisiers 17, 4; 46, 5; li laissiers 51, 4; 17, 4; li servirs 52, 5; li sovenirs 57, 1; obl. un morir 55, 5. — Ohne *s*: trembler et sopir vienent 53, 4.

Die von lat. Adjektiven zweier Endungen kommenden haben schon oft eine weibliche Form, z. B.: douce, bele, cele, tele (dagegen regelmäfsig tel folor 20, 4; tel nature 34, 1; tel pavour 34, Gel.; tel seurtance 47, 4; 54, 5); mainte dame 40, 4; mainte chose 36, 3; grande vilaine 59, 4; grande vaillance 59, 4 (dagegen grant joie 35, 5; grant paor 37, 3) u. s. w.

Die Part. auf -ant haben keine weibliche Endung; die Formen gente 35, 1 und cortoise 55, 4 sind korrekt.

Die Übereinstimmung des attribut. Adjekt. mit seinem Subst. findet fast immer statt; beim *prädikat. Adjekt.* unterbleibt sie auch, z. B. trop sont fol et mal pensant li chevalier 40, 4 u. s. w.

Die Flexion der Fürwörter bietet auch keine besonderen Eigentümlichkeiten. Der Nom. der 1. Pers. Sing. ist gewöhnlich *je*, oft auch *ge* (2, 2; 6, 3 etc.), seltener *gie* (7, 3 etc.), *jou* (4, 3 etc.), *gieu* (14, 1). Dat. und Acc. *me* (1, 3 etc.), *moi* (4, 1 etc.), *mi* (5, 3 etc.). Der Dat. der 3. Pers. Sing. ist *li* (2, Gel.) und *lui* (59, 5). — Obl. sing. weibl. Geschl. *li* (1, 1; 1, 2; 2, 4; 33, 2; 35, 3; 38, 3 etc.), *le* (8, 2; 62, 2), *la* (33, 5; 38, 5; 39, 4; 41, 2; 1, 3; 3, 1; 4, 3 etc.). —

Obl. plur. *les* (2, 5 etc.). Präpositionale Verbindungen: *pour lui* 59, 5; *à li* 37, 2; *les li* 59, 3; *les lui* 35, 5; *pour moi* 37, 2; *de moi* 40, 3; *près de soi* 35, 4; *à soi* 1, 2; *à eus* 6, 3; *desus eus* 65, 3.

Die Flexion des *besitzanzeigenden Fürwortes* ist wie die der Adjektive: Obl. sing. *mon* 1, 1; *son* 1, 2; *vostre* 2, 3: 2, 4. — Obl. plur. *ses* 65, 1. — Nom. sing. *mes* 3, 2; 13, 5 etc.; *vostres* 5, 1; 12, 2 (dagegen *nostre Chief* 65, 3). — *Li miens* 7, 5; *li miens maus* 10, 1; *siens* 12, 1; *li mien mal* (obl. s.) 13, 4; *la moie* 12, 3; *la moie joie* 3, 4; *le vo fin semblant* 7, 3; *leur* 2, 5; *lor, lour* 6, 1; *lour faus mos* 65, 5.

Das *hinweisende Fürwort*: *cil* (chil) 6, 3 etc.; *cele* 1, 1 etc.; *cete* 1, 2; *cest* 1, 3; *cist* 10, 4; 13, 5 etc.; *ceste* 5, 5; 7, 2 etc; *cis maus* (n. s.) 14, 4; *ce* 1, 4; *cou* 4, 1; — *celui* 2, Gel.; *ceus* 65, 2.

Das *bezügliche* und *fragende Fürwort*: Nom. sing. u. pl. *qui, ki* (1, 2; 3, 4; 4, 5; 9, 1; 59, 2 etc.), Neutrum *que*, obl. s. *qu', ke* (2, Gel.; 1, 3; 4, 3 etc.), aber auch *qui* (4, 2; 14, 1; 6, Gel.) und *cui* (65, 4; *por cui* 1, Gel.; *en cui* 4, 4).

Zum Schluſs mögen noch die bei Thibaut vorkommenden *Eigennamen* erwähnt werden.

1) Personennamen: Tristans (Tristan 59, 2) (nom.) 3, 4; Paris 4, 3; 59, 4; Elene 4, 3 (Heleine 59, 4); Jason 9, 1; Mahom (vokat.) 9, 4; Blazon (obl.) 12, Gel.; Pompée (obl.) 15, 5; Noblet (obl.) 16, Gel.; Turs, Arabis, Salemons, Davis (David 63, 4) (nom. s.) 15, 4; Turc, Arabi (n. pl.) 34; Julius (n. s.) 15, 5; Thiebauz (n. s.) 16, 2 (Thibaut vokat. 42, 2; 44, 1); Robert (n. s.) 35, 2; vokat. 35, 1; Robeçon (obl.) 39, 2; Robinet le Cortois 59, 2; Guenelon 40, 4; Adams 66, 3; Pieron (obl.) 35, 1; Perrin (obl.) 40, 2; Perron 48; Perrinet (vokat.) 40, 5; Renaut (vokat.) 26, Gel.; Lorent (vokat.) 26, Gel.; obl. 59, 2; Marie 40, 4; Bauduin (vokat.) 44, 2; St. Barnabé (obl.) 44, 2; saint Pol (obl.) 44, 4; Guillaume (vokat.) 47, 2; Gillon (Wichard) 47, Gel. (obl.); vokat. *Guiz* (48, 2) und Gui, Guy (48, 4); Jehan (obl.) 47; Auberon (obl.) 50; Meremelin (obl.) 49, 2; Rodrigue le Noir (obl.) 50; Yseul 59, 2; Raoul, Ravoul (vokat.) 49, 2; 34; Phelippe, *Phelippes* (vokat.) 50, 1; 51, 3; Jhesus-Criz (vokat.) 56, 4; Bretons (obl. pl.) 65, 4.

2) Geographische Namen: Troie 4, 3; Alemaigne 15, 4; Champaigne 15; Brie 52, 1; France 55, 4; Surie 55, 2; Romanie 59, 1.